Inhaltsangabe

I. Technologie

A. Arbeitsplanung, Einsatz von Geräten, Maschinen und Gebrauchsgütern … 4
B. Sicherheit, Gesundheitsschutz und Umweltschutz … 8
C. Hygiene … 12
D. Lagermöglichkeiten und Lagerarten … 16
E. Vorbereitung und Zubereitungsarten in der kalten Küche … 20
F. Frühstücksküche, Zubereitungen aus Molkereiprodukten und Eiern … 24
G. Herstellen von Suppen und Saucen … 29
H. Verarbeiten von Fisch … 33
I. Verarbeitung von Fleisch und Geflügel … 37
J. Verarbeiten von pflanzlichen Nahrungsmitteln … 41
K. Herstellen und Anrichten von einfachen Frucht- und Süßspeisen … 45
L. Halbfertig- und Fertigprodukte / Umgang mit Gästen … 49

II. Fachrechnen

A. Maßeinheiten … 54
B. Grundrechenarten … 59
C. Dreisatz … 63
D. Rezepte umrechnen … 65
E. Gemischte Aufgaben Fachrechnen … 69

III. Wirtschafts- und Sozialkunde

A. Ausbildungsbetrieb … 72
B. Berufsausbildung, Arbeitsrecht … 76
C. Tarifrecht … 80
D. Sozialversicherungen … 84
E. Rechtsgeschäfte … 89
F. Aufbau und Organisation von Unternehmen … 93
G. Gemischte Aufgabe Wirtschafts- und Sozialkunde … 97

Lösungsblatt Vordruck für programmierte Fragen … 101

I. Technologie

A. Arbeitsplanung, Einsatz von Geräten, Maschinen und Gebrauchsgütern

Frage 1: Wie lautet die französische Fachbezeichnung für den Beilagen Posten?

Tragen Sie die zutreffende Zahl in das Kästchen ein.

1) Gardemanger
2) Sous-chef
3) Saucier
4) Entremetier

Frage 2: Sie entdecken, dass einige der gelieferten Rohstoffe nicht den Qualitätsstandards entsprechen und für die Zubereitung der Gerichte nicht geeignet sind. Wie gehen Sie damit um?

Tragen Sie die zutreffende Zahl in das Kästchen ein.

1) Alles verwenden, um Kosten zu sparen.
2) Aussortierung auf Grundlage von Qualitätsstandards und Hygienevorschriften.
3) Ware wegwerfen, wenn sie nicht perfekt aussieht.
4) Ware unabhängig von ihrem Zustand verwenden.

Frage 3: Welche Aussagen zu folgendem Messer sind richtig?

Tragen Sie die 2 zutreffenden Zahlen in die Kästchen ein.

1) Es handelt sich um ein Ausbeinmesser.
2) Es handelt sich um ein Officemesser.
3) Es dient zum Entfernen von Knochen und Sehnen.
4) Es ist sehr gut geeignet zum Filetieren von Fisch.

Situation zu den Fragen 4 - 5

Sie bereiten sich auf einen Bankett-Abend vor. Sie müssen sicherstellen, dass alle Gerichte in der richtigen Menge und Qualität zubereitet werden.

Frage 4: Welche Vorteile bietet die Verwendung des Gastronorm Systems in einem Restaurant oder Hotel?

Tragen Sie die zutreffende Zahl in das Kästchen ein.

1) Effiziente Lagerung und Handhabung von Lebensmitteln.
2) Senkung der Gästezufriedenheit.
3) Erhöhung von Restaurantbewertungen.
4) Flexibilität bei der Auswahl der Küchenausrüstung.

Frage 5: Welche Reinigungsmethode ist am besten geeignet, um Gastronorm Behälter aus Edelstahl gründlich zu reinigen?

Tragen Sie die zutreffende Zahl in das Kästchen ein.

1) Reinigung in der Geschirrspülmaschine bei niedriger Temperatur.
2) Abwischen mit einem trockenen Tuch.
3) Einsatz von scharfen Chemikalien und Stahlschwamm.
4) Handwäsche mit heißem Wasser und Spülmittel.

Frage 6: Um welches Messer handelt es sich?

Tragen Sie die zutreffende Zahl in das Kästchen ein.

1) Tomatenmesser
2) Tourniermesser
3) Buntschneidemesser
4) Allzweckmesser

Frage 7: Warum darf in Mikrowellengeräten kein Metall verwendet werden?

_____

_____

_____

Frage 8: Wozu wird in der gewerblichen Küche ein Salamander verwendet?

Tragen Sie die zutreffende Zahl in das Kästchen ein. ☐

1) Zum Zerkleinern
2) Zum Vakuumieren
3) Zum Überbacken
4) Zum Schmoren

Frage 9: Um welches Kochgeschirr handelt es sich?

Tragen Sie die zutreffende Zahl in das Kästchen ein. ☐

1) Schmorpfanne
2) Bratpfanne
3) Sauteuse
4) Fischkochkessel

Frage 10: Das Tagesgericht soll als Tellergericht serviert werden. Wo ist die Gemüsebeilage auf dem Teller anzurichten?

Tragen Sie die zutreffende Zahl in das Kästchen ein. ☐

1) Oben rechts auf dem Teller.
2) Oben links auf dem Teller.
3) In der Mitte vom Teller.
4) Im unteren Drittel des Tellers.

Lösungen zu Fragenblock A

Frage 1: 4

Frage 2: 2

Frage 3: 1, 3

Frage 4: 1

Frage 5: 4

Frage 6: 2

Frage 7: Mikrowellengeräte nutzen elektromagnetische Strahlung, um Moleküle in Lebensmitteln zu erwärmen. Metall kann Probleme verursachen, da es Mikrowellen reflektiert, absorbiert und Funken erzeugen kann. Dies kann zu Schäden am Gerät und möglicherweise zu Brandgefahr führen.

Frage 8: 3

Frage 9: 4

Frage 10: 1

B. Sicherheit, Gesundheitsschutz und Umweltschutz

Frage 1: Ein Lieferant stellt 5 Säcke Kartoffeln vor die Kellertür. Die Tür ist als Fluchtweg gekennzeichnet. Es ist viel zu tun. Können die Kartoffelsäcke dort stehen bleiben?

Tragen Sie die zutreffende Zahl in das Kästchen ein.

1) Ja, man kann ja über die Säcke rüber springen.
2) Ja, da es sich nur um eine Kellertür handelt.
3) Nein, die Säcke müssen umgehend entfernt werden.
4) Nein, der Lieferant muss die Säcke mit Kartoffeln bei der nächsten Lieferung wegräumen.

Frage 2: Bund und Länder können Arbeitsschutzvorschriften erlassen. Wer ist für die Überwachung zuständig?

Tragen Sie die zutreffende Zahl in das Kästchen ein.

1) TÜV
2) Gewerbeaufsichtsamt
3) Rentenversicherung
4) Handwerkskammer / Industrie- und Handelskammer

Frage 3: Ein Kollege hat sich beim Tee kochen verbrannt. Er hat sich an der Hand verbrannt und seine Haut ist gerötet. Was ist zu tun?

Tragen Sie die 2 zutreffenden Zahlen in die Kästchen ein.

1) Die Hand in kaltes Wasser tauchen bis der Schmerz aufhört. Dann bei leichten Verbrennungen Brandsalbe auftragen.
2) Die Hand in heißes Wasser tauchen. Dann die Verbrennung mit Pflaster versorgen.
3) Die Hand bis zum Ellenbogen verbinden.
4) Bei schweren Verbrennungen umgehend einen Arzt aufsuchen.

Frage 4: Darf ein Brand an der Fritteuse mit Wasser gelöscht werden?

Tragen Sie die 2 zutreffenden Zahlen in die Kästchen ein.

1) Ja. Es sollte ein Feuerlöscher in der Nähe sein.
2) Ja. Zusätzlich sollten Sie den Küchenchef informieren.
3) Auf keinen Fall! Dadurch könnte eine „Fettexplosion" ausgelöst werden.
4) Deckel oder Löschdecke über die Fritteuse legen und somit dem Feuer den Sauerstoff entziehen.

Frage 5: Sie sehen, wie ein Kollege sein Filetiermesser zur Reinigung durch den Abwäscher in die mit Wasser gefüllte Spüle legt. Was ist dazu zu sagen?

_____

_____

_____

Frage 6: Welche Form und Farbe haben Verbotszeichen?

Tragen Sie die 2 zutreffenden Zahlen in die Kästchen ein.

1) Die Form ist rund.
2) Die Form ist dreieckig.
3) Die Farbe ist weiß mit rotem Rand.
4) Die Farbe ist blau.

Frage 7: Ein Mitarbeiter erleidet einen Betriebsunfall. Welcher Arzt muss aufgesucht werden?

Tragen Sie die zutreffende Zahl in das Kästchen ein.

1) Der Amtsarzt
2) Der zuständige Unfallarzt
3) Der zuständige Allgemeinarzt
4) Der Arzt im nächstgelegenen Krankenhaus

Situation zu den Fragen 8 - 10
Das Sonnenblick Tagungszentrum möchte beim Einkauf vermehrt auf das Thema Nachhaltigkeit setzen.

Frage 8: Was ist unter Nachhaltigkeit zu verstehen?

Tragen Sie die zutreffende Zahl in das Kästchen ein.

1) Nachhaltigkeit dient zur guten Darstellung des Betriebes in der Öffentlichkeit.
2) Nachhaltigkeit bedeutet den Einsatz moderner Managementmethoden, um den Umsatz zu steigern.
3) Bei nachhaltigen Betrieben werden möglichst günstige Grundstoffe verwendet, um die Lohnbedingungen der Mitarbeiter/-innen zu verbessern.
4) Die natürlichen Regenerationsfähigkeiten der beteiligten Systeme (vor allem von Lebewesen und Ökosystemen) sollen gewährleistet werden.

Frage 9: Beurteilen Sie folgende Vorschläge. Welche sind nachhaltig?

Tragen Sie die 2 zutreffenden Zahlen in die Kästchen ein.

1) Vermehrter Einkauf bei regionalen Zulieferern.
2) Bezug von ausschließlich günstigen Produkten für die Mitarbeiterkantine.
3) Solaranlage auf dem Dach zur eigenen Stromproduktion.
4) Vermehrter Einsatz von Einweggebinden.

Frage 10: Der Verpackungsmüll bei Warenanlieferungen soll reduziert werden. Wie kann das erreicht werden?

Tragen Sie die zutreffende Zahl in das Kästchen ein.

1) Spezielle Anlieferzeiten festlegen.
2) Pfandsysteme statt Einwegsysteme nutzen.
3) Rohstoffe und Hilfsstoffe in kleineren Gebinden beziehen.
4) Günstige Portionsverpackungen im Kundenbereich anbieten.

Lösungen zu Fragenblock B

Frage 1: 3

Frage 2: 2

Frage 3: 1, 4

Frage 4: 3, 4

Frage 5: Der Spüler könnte in das Wasser greifen und sich an dem Messer verletzen. Es sollten deshalb auf keinen Fall Messer einfach in eine mit Wasser gefüllte Spüle gelegt werden.

Frage 6: 1, 3

Frage 7: 2

Frage 8: 4

Frage 9: 1, 3

Frage 10: 2

C. Hygiene

Frage 1: Was ist allgemein unter Hygiene zu verstehen?

Tragen Sie die zutreffende Zahl in das Kästchen ein. ☐

1) Förderung eines ökologisch handelnden Betriebes.
2) Betriebswirtschaftliches Handeln zum Wohle des Unternehmens.
3) Lehre von der Erstellung einer gesunden Ernährung.
4) Lehre von der Verhütung von Krankheiten und der Erhaltung und Festigung der Gesundheit.

Situation zu den Fragen 2 - 3
Salmonellen können gefährlich für den menschlichen Körper sein.

Frage 2: Nennen Sie drei Lebensmittel, die besonders anfällig für Salmonellen sind.

_____

_____

_____

Frage 3: Wie werden Salmonellen abgetötet?

Tragen Sie die zutreffende Zahl in das Kästchen ein. ☐

1) Salmonellen sterben durch ca. 10 Minuten erhitzen bei ca. 80 °C.
2) Salmonellen sterben durch ca. 10 Minuten erhitzen bei ca. 60 °C.
3) Salmonellen sterben durch Einfrieren des Lebensmittels.
4) Salmonellen sterben durch Vakuumieren des Lebensmittels.

Frage 4: Bei welchen Temperaturen fühlen sich die meisten Mikroorganismen wohl?

Tragen Sie die zutreffende Zahl in das Kästchen ein. ☐

1) 0 - 20 °C
2) 105 - 150 °C
3) 40 - 75 °C
4) 10 - 20 °C

Frage 5: Sie haben auf einem Brot einen grünen, pelzigen Belag entdeckt. Dürfen Sie nach Entfernen des Belages das Weißbrot weiter verwenden?

Tragen Sie die zutreffende Zahl in das Kästchen ein. ☐

1) Ja. Man sollte Lebensmittel nicht wegwerfen.
2) Nein. Der Schimmelpilz kann sich bereits im kompletten Brot ausgebreitet haben.
3) Ja, wenn der Belag dickschichtig entfernt wurde.
4) Ja, wenn es sich um ein dunkles Brot (Vollkornbrot) handelt.

Frage 6: Wie lautet der optimale pH-Wert für das Wachstum von Mikroorganismen?

Tragen Sie die zutreffende Zahl in das Kästchen ein. ☐

1) pH-Wert 1 - 2
2) pH-Wert 2 - 4
3) pH-Wert 6 - 7
4) pH-Wert 12 - 13

Frage 7: Welches Konzept dient der Vermeidung von Gefahren im Zusammenhang mit Lebensmitteln, die zu einer Erkrankung von Konsumenten führen können.

Tragen Sie die zutreffende Zahl in das Kästchen ein. ☐

1) Hotel- und Gastronomie Konzept
2) Ausbildungs-Konzept
3) Tierwohl-Konzept
4) HACCP-Konzept

Situation zu den Fragen 8 - 9

Sie verarbeiten in Ihrem Betrieb auch regelmäßig Hackfleisch und wissen, dass auch hier sehr sauber gearbeitet werden soll.

Frage 8: Wieso ist Hackfleisch so stark für Mikroorganismen anfällig?

Tragen Sie die 2 zutreffenden Zahlen in die Kästchen ein.

1) Durch die Zerkleinerung wird die Oberfläche des Fleisches vergrößert.
2) Durch die Zerkleinerung wird die Oberfläche des Fleisches verkleinert.
3) Das Muskelgewerbe wird aufgelockert.
4) Die Fleischtemperatur wird gesenkt.

Frage 9: Bei welcher Temperatur sollte Hackfleisch gelagert werden?

Tragen Sie die zutreffende Zahl in das Kästchen ein.

1) -18 °C
2) + 2 °C
3) + 8 °C
4) +12 °C

Frage 10: Welche Aussagen zum Einsatz von Spülmitteln sind richtig?

Tragen Sie die 2 zutreffenden Zahlen in die Kästchen ein.

1) Spülmittel belasten das Abwasser nicht.
2) Zu viel Spülmittel bringt keine zusätzliche Reinigungsleistung.
3) Je weniger Spülmittel, desto höher ist die Reinigungsleistung.
4) Spülmittel entspannen das Wasser.

Lösungen zu Fragenblock C

Frage 1: 4

Frage 2: Geflügel, Eier, rohes Fleisch und aus diesen Produkten hergestellte Lebensmittel wie z. B. Mayonnaise, Eiersalat, Hackfleisch.

Frage 3: 1

Frage 4: 3

Frage 5: 2

Frage 6: 3

Frage 7: 4

Frage 8: 1, 3

Frage 9: 2

Frage 10: 2, 4

D. Lagermöglichkeiten und Lagerarten

Frage 1: Wie hoch darf die Temperatur in Tiefkühlräumen höchstens sein?

Tragen Sie die zutreffende Zahl in das Kästchen ein.

1) - 6 °C
2) - 12 °C
3) - 18 °C
4) - 24 °C

Frage 2: Bei welcher Temperatur / Luftfeuchtigkeit sollte Gemüse und Obst gelagert werden?

Tragen Sie die zutreffende Zahl in das Kästchen ein.

1) Temperatur um den Gefrierpunkt und niedrige Luftfeuchtigkeit
2) Temperatur von 2 Grad bei hoher Luftfeuchtigkeit
3) Temperatur von 6 - 8 Grad und geringe Luftfeuchtigkeit
4) Temperatur von 6 - 8 Grad und hohe Luftfeuchtigkeit

Frage 3: Bei der Lagerung bestimmter Produkte ist auf eine entsprechende Luftfeuchtigkeit zu achten. Womit wird die Luftfeuchtigkeit gemessen?

Tragen Sie die zutreffende Zahl in das Kästchen ein.

1) Hygrometer
2) Thermometer
3) Refraktometer
4) Manometer

Frage 4: Welches Produkt ist bei der Warenannahme zuerst zu versorgen?

Tragen Sie die zutreffende Zahl in das Kästchen ein.

1) Frischer Spinat
2) Tiefgefrorenes Schweinefilet
3) Dosenfrüchte
4) Ganzer, frischer Lachs

Frage 5: Welche Auswirkungen kann ein zu großer Lagerbestand haben?

Tragen Sie die 2 zutreffenden Zahlen in die Kästchen ein.

1) Ein zu großer Lagerbestand führt bei verderblichen Waren zu Schwund.
2) Es ist zu wenig Ware im Lager.
3) Durch großen Lagerbestand wird Kapital gebunden.
4) Es wird wenig Lagerraum benötigt.

Situation zu den Fragen 6 - 7
Sie werden vom Küchenchef beauftragt, heute mehrere Lieferungen anzunehmen.

Frage 6: Bei der Kontrolle des Lieferanten Amsel bemerken Sie, dass die Anzahl der Essigflaschen nicht mit der auf dem Lieferschein übereinstimmt. Was ist zu tun?

Tragen Sie die zutreffende Zahl in das Kästchen ein.

1) Sie verweigern die Annahme der gesamten Lieferung.
2) Sie lassen sich bei der Annahme den Mangel in der Menge auf dem Lieferschein bestätigen.
3) Sie übersehen den Mangel.
4) Sie weisen die Buchhaltung an, den Rechnungsbetrag entsprechend zu kürzen.

Frage 7: Bei der Kontrolle einer Lieferung bemerken Sie etwas später, dass statt 6 kg Schweinerücken 16 kg Schweinerücken geliefert wurden. Wie verhalten Sie sich?

Tragen Sie die zutreffende Zahl in das Kästchen ein.

1) Die Lieferung behalten, aber nicht bezahlen.
2) Die zu viel gelieferte Menge selbst zum Lieferanten bringen.
3) Die Lieferung behalten und auch bezahlen.
4) Den Lieferanten informieren und das Fleisch bis zur Abholung fachgerecht lagern.

Frage 8: Auf eine Anfrage an einen Lieferanten über Pfannen und Töpfe erhalten Sie ein Angebot. Ist dadurch ein Kaufvertrag zustande gekommen?

_____

_____

_____

Frage 9: Welche Aussagen zum Mindesthaltbarkeitsdatum und Verbrauchsdatum sind richtig?

Tragen Sie die 2 zutreffenden Zahlen in die Kästchen ein.

1) Das Mindesthaltbarkeitsdatum gibt an, wie lange das Lebensmittel bei sachgemäßer Lagerung mindestens haltbar ist.
2) Nach Ablauf des Mindesthaltbarkeitsdatums muss das Lebensmittel entsorgt werden.
3) Wenn die Ware nach Ablauf des Mindesthaltbarkeitsdatums nach Prüfung einwandfrei ist, darf sie trotzdem <u>nicht</u> verzehrt werden.
4) Nach Ablauf des Verbrauchsdatums darf die Ware nicht mehr verwendet werden.

Frage 10: Was ist bei der Lagerung unter dem FiFo-Prinzip (**F**irst **I**n - **F**irst **O**ut) zu verstehen?

Tragen Sie die zutreffende Zahl in das Kästchen ein.

1) Das Gut, welches am Teuersten ist, kommt als Erstes wieder aus dem Lager heraus.
2) Das Gut, welches als Letztes in das Lager gekommen ist, kommt als Erstes wieder aus dem Lager heraus.
3) Das Gut, welches als Erstes in das Lager gekommen ist, kommt als Erstes wieder aus dem Lager heraus.
4) Alle Güter im Lager werden gemischt. Es entscheidet das Zufallsprinzip.

Lösungen zu Fragenblock D

Frage 1: 3

Frage 2: 4

Frage 3: 1

Frage 4: 2

Frage 5: 1, 3

Frage 6: 2

Frage 7: 4

Frage 8: Nein, das Angebot muss noch angenommen werden.

Frage 9: 1, 4

Frage 10: 3

E. Vorbereitung und Zubereitungsarten in der kalten Küche

Frage 1: Welche Anforderung wird an kalte Vorspeisen gestellt?

Tragen Sie die zutreffende Zahl in das Kästchen ein.

1) Kalte Vorspeisen sollen gut sättigend sein.
2) Kalte Vorspeisen sollen den Appetit anregen.
3) Kalte Vorspeisen sollen scharf gewürzt werden.
4) Kalte Vorspeisen werden bei mehrgängigen Menüs nach der Suppe serviert.

Frage 2: Wie werden mundgerecht geschnittene, dünne Brotscheiben (entrindetes Toastbrot, Pumpernickel oder Cracker) genannt? Sie werden dekorativ belegt und garniert.

Tragen Sie die zutreffende Zahl in das Kästchen ein.

1) Bruschetta
2) Wraps
3) Happy Spoons
4) Canapés

Frage 3: Womit lassen sich Canapés garnieren? Machen Sie Vorschläge.

_____

_____

_____

_____

Frage 4: Wie lassen sich Vitaminverluste in der Küche vermeiden?

Tragen Sie die 2 zutreffenden Zahlen in die Kästchen ein.

1) Lebensmittel kühl und dunkel lagern.
2) Lebensmittel vor der Verarbeitung länger lagern.
3) Kurze Garzeiten, um hitzeempfindliche Vitamine zu schonen.
4) Garen in möglichst viel Wasser.

Frage 5: Ordnen Sie die Beschreibung dem französischen Fachausdruck entsprechend zu.

1) Feine, gleichmäßige Gemüsewürfel.
2) Dünne, lange Streifen (wie Streichhölzer)
3) Feinblättrig geschnittenes Gemüse
4) Gemüsestäbe

a) Julienne

b) Paysanne

c) Brunoise

d) Bâtonnets de légumes

Frage 6: Welche Zubereitung wird hier beschrieben?

Essig mit Salz und Pfeffer verrühren. Senf dazugeben und kurz aufschlagen. Das Öl erst tröpfchenweise, dann sehr langsam unter ständigem Rühren zugießen, damit sich Essig und Öl verbinden können.

Tragen Sie die zutreffende Zahl in das Kästchen ein.

1) Joghurtdressing
2) American Dressing
3) Vinaigrette
4) Cocktailsauce

Frage 7: Wie sollte Gemüse vor der Zubereitung gereinigt werden?

Tragen Sie die zutreffende Zahl in das Kästchen ein.

1) Das Gemüse zerkleinern und dann mit kaltem Wasser waschen.
2) Das Gemüse unzerkleinert in kaltem Wasser waschen.
3) Das Gemüse unzerkleinert in möglichst heißem Wasser waschen.
4) Das Gemüse in heißem Wasser ca. 15 Minuten einlegen.

Frage 8: Welches sind Bestandteile einer Cumberlandsauce?

Tragen Sie die 2 zutreffenden Zahlen in die Kästchen ein.

1) Sahne
2) Johannisbeergelee
3) Orangensaft
4) Dill

Frage 9: Bei welcher Sauce handelt es sich um eine Ableitung der Mayonnaise?

Tragen Sie die zutreffende Zahl in das Kästchen ein.

1) Béchamelsauce
2) Demi-Glace
3) Tomatensauce
4) Remouladensauce

Frage 10: Wie lautet die französische Fachbezeichnung für den Chef der kalten Küche?

Tragen Sie die zutreffende Zahl in das Kästchen ein.

1) Chef de partie gardemanger
2) Commis gardemanger
3) Sous-chef
4) Saucier

Lösungen zu Fragenblock E

Frage 1: 2

Frage 2: 4

Frage 3: Zum Garnieren können verwendet werden:
- ✓ Gurkenscheiben, Scheiben vom Maiskölbchen, …
- ✓ Tomatenfleischwürfel, Radieschenscheiben, Paprikawürfel, rote Zwiebelwürfel, …
- ✓ Obst: Weintrauben, Kiwi, Erdbeere, Mandarine, Kap-Stachelbeere, …
- ✓ Kräuter: Dillzweig, Petersilie, Kresse, Schnittlauch, Zitronenmelisse, …
- ✓ Scheiben vom gekochten Ei, …

Frage 4: 1, 3

Frage 5: a) 2
b) 3
c) 1
d) 4

Frage 6: 3

Frage 7: 2

Frage 8: 2, 3

Frage 9: 4

Frage 10: 1

F. Frühstücksküche, Zubereitungen aus Molkereiprodukten und Eiern

Frage 1: Ordnen Sie die Bezeichnung auf einer Milchpackung entsprechend zu.

1) Die Milch wird auf ca. 75 °C erhitzt. Dadurch werden Krankheitskeime zerstört und die Milch ist ca. 1 Woche haltbar.
2) Die Milch wird für wenige Sekunden auf bis zu 140 °C erhitzt, danach sofort runtergekühlt. Dadurch ist die Milch wesentlich länger haltbar.
3) Der Durchmesser der Fettkügelchen in der Milch wird verkleinert. Dadurch rahmt die Milch nicht mehr auf.

a) Ultrahocherhitzt

b) Pasteurisiert

c) Homogenisiert

Frage 2: Was ist unter Brunch zu verstehen?

Tragen Sie die zutreffende Zahl in das Kästchen ein.

1) Eine Kombination von Frühstück und Mittagessen.
2) Eine Kombination von Mittagessen und Abendessen.
3) Ein englisches Frühstück.
4) Ein sehr früh eingenommenes Frühstück.

Frage 3: Wie wird ein einfaches Frühstück genannt, bestehend aus Kaffee, Tee oder Kakao - Brötchen, Brot oder Toast - Butter, Konfitüre, Honig?

Tragen Sie die zutreffende Zahl in das Kästchen ein.

1) Holländisches Frühstück
2) Deutsches Frühstück
3) Interkontinentales Frühstück
4) Kontinentales Frühstück

Frage 4: Beim Frühstücksbuffet sollen vermehrt Vollkornprodukte angeboten werden. Welchen Vorteil haben Vollkornprodukte?

Tragen Sie die zutreffende Zahl in das Kästchen ein.

1) Vollkornprodukte sind günstiger.
2) Vollkornprodukte enthalten mehr gesunden Zucker.
3) Vollkornprodukte sind reich an Ballaststoffen, Vitaminen und gesunden Nährstoffe.
4) Vollkornprodukte sind länger haltbar.

Frage 5: Ein Gast fragt beim Frühstück nach Cerealien. Was meint er damit?

Tragen Sie die zutreffende Zahl in das Kästchen ein.

1) Eine besondere Teeauswahl.
2) Getreideprodukte, die beim Frühstück oft mit Milch und Joghurt angeboten werden.
3) Eine Eierzubereitung, die besonders vollwertig ist.
4) Obst, das gerne zusammen mit Joghurt gegessen wird.

Frage 6: Um welches Obst handelt es sich?

1)   2)   3)   4)

a) Granatapfel

b) Maracuja / Passionsfrucht

c) Mirabelle

d) Karambola / Sternfrucht

Frage 7: Wie können Sie erkennen, ob ein Ei frisch ist?

Tragen Sie die zutreffende Zahl in das Kästchen ein.

1) Eidotter und Eiklar lassen sich gut trennen.
2) Beim Aufschlagen verläuft das Eidotter breit. Das Eiklar ist wässrig.
3) Wegen der größeren Luftkammer ist beim Schütteln ein „Schwappen" zu hören.
4) Das Ei riecht unangenehm.

Frage 8: Beschreiben Sie die fachgerechte Herstellung von Rührei.

_____

_____

_____

_____

_____

Frage 9: Welche Aussagen zu Marmeladen, Konfitüren und Gelees sind richtig?

Tragen Sie die 2 zutreffenden Zahlen in die Kästchen ein.

1) Konfitüren sollten nicht in Verbindung mit Vollkornbrot gegessen werden.
2) Konfitüren haben einen Zuckergehalt von höchstens 40 %.
3) Marmeladen werden aus Zitrusfrüchten hergestellt.
4) Gelees werden aus Fruchtsaft hergestellt.

Frage 10: Sie werden beauftragt, Lebensmittel einzufrieren. Was ist zu beachten?

Tragen Sie die zutreffende Zahl in das Kästchen ein.

1) Nur ältere Ware frosten.
2) Langsam einfrieren, damit sich große Eiskristalle bilden können.
3) Verpackt einfrieren, um Austrocknung und Gefrierbrand zu vermeiden.
4) Die Lagertemperatur muss mindestens -12 °C betragen.

Lösungen zu Fragenblock F

Frage 1: a) 2
b) 1
c) 3

Frage 2: 1

Frage 3: 4

Frage 4: 3

Frage 5: 2

Frage 6: a) 3
b) 4
c) 1
d) 2

Frage 7: 1

Frage 8: ✓ Eier in einer Schüssel aufschlagen, würzen und mit dem Schneebesen verrühren.
✓ Butter in einer Pfanne erhitzen.
✓ Eiermasse in die Pfanne geben und stocken lassen, dabei fortwährend mit einem Kochlöffel rühren.
✓ Das Rührei auf einen vorgewärmten Teller geben und umgehend servieren.

Frage 9: 3, 4

Frage 10: 3

G. Herstellen von Suppen und Saucen

Frage 1: Was ist der Unterschied zwischen einer Fleischbrühe und einer Kraftbrühe?

Tragen Sie die zutreffende Zahl in das Kästchen ein. ☐

1) Die Kraftbrühe wird durch Geschmacksverstärker kräftiger.
2) Die Kraftbrühe wird durch eine längere Lagerdauer kräftiger.
3) Die Kraftbrühe wird mit Hilfe von Klärfleisch geklärt. Dadurch verstärkt sich der Geschmack und die Farbe wird klar.
4) Die Kraftbrühe wird mit Einlage aus Rindfleisch geschmacklich verstärkt und abgerundet.

Frage 2: Bringen Sie die Arbeitsschritte bei der Herstellung einer hellen Fleischbrühe in die richtige Reihenfolge. Beginnen Sie mit dem ersten Schritt (1).

a) Pflege der Brühe durch Entfernen von Schaum und Fett (Degraissieren). ☐

b) Zugabe von Gemüse. ☐

c) Waschen und Blanchieren der Knochen, um Unreinheiten zu entfernen. ☐

d) Knochen und Parüren kalt ansetzen und zum Kochen bringen. ☐

e) Passieren der Brühe. ☐

Frage 3: Wie wird das Gemüsebündel zur Geschmacksverbesserung bei der Herstellung von Brühen genannt?

Tragen Sie die zutreffende Zahl in das Kästchen ein. ☐

1) Bouquet garni
2) Roux
3) Röstgemüse
4) Bouillon

Frage 4: Welche dieser Suppen ist eine italienische Nationalsuppe?

Tragen Sie die zutreffende Zahl in das Kästchen ein.

1) Klare Ochsenschwanzsuppe
2) Minestrone
3) Mulligatawny
4) Gazpacho

Frage 5: Für eine Konfirmationsfeier wird eine Samtsuppe Dubarry gewünscht. Was kennzeichnet diese Suppe?

Tragen Sie die 2 zutreffenden Zahlen in die Kästchen ein.

1) Der Geschmacksgeber ist Blumenkohl.
2) Der Geschmacksgeber ist Spargel.
3) Die Suppe wird am Schluss mit einem Gemisch aus Sahne und Eigelb verfeinert.
4) Nach der Verfeinerung (Liason) sollte die Suppe noch mal gut aufkochen.

Frage 6: Aus welcher Sauce wird die „Mornaysauce" abgeleitet und wofür wird sie oft verwendet?

Tragen Sie die 2 zutreffenden Zahlen in die Kästchen ein.

1) Die Mornaysauce ist eine Ableitung der Tomatensauce.
2) Die Mornaysauce ist eine Ableitung der Bechamelsauce.
3) Die Mornaysauce wird oft als Sauce für Wildgerichte angeboten.
4) Die Mornaysauce wird oft zum Überbacken verwendet.

Frage 7: Welche Sauce wird meist zu Spargel gereicht?

Tragen Sie die zutreffende Zahl in das Kästchen ein.

1) Madeirasauce
2) Weißweinsauce
3) Holländische Sauce
4) Remouladensauce

Frage 8: Weshalb wird bei der Herstellung von dunklen Brühen Röstgemüse verwendet?

Tragen Sie die zutreffende Zahl in das Kästchen ein.

1) Durch das Röstgemüse wird die Zubereitungsdauer der Sauce verkürzt.
2) Es werden Zuckerstoffe karamellisiert, so dass weitere Farb- und Geschmacksstoffe entstehen.
3) Durch das Zugeben von Röstgemüse werden Schadstoffe gebunden.
4) Ein hoher Anteil von Röstgemüse kann die Zugabe von Knochen ersetzen.

Frage 9: Robertsauce, Jägersauce und Bordelaiser Sauce sind Ableitungen der…

Tragen Sie die zutreffende Zahl in das Kästchen ein.

1) Geflügelgrundsauce
2) Fischgrundsauce
3) Wildgrundsauce
4) Braunen Grundsauce (Demiglace)

Frage 10: Wie wird das Abschöpfen von Fett bei Saucen, Brühen und Suppen genannt?

Tragen Sie die zutreffende Zahl in das Kästchen ein.

1) Degraissieren
2) Jus
3) Blanchieren
4) Roux

Lösungen zu Fragenblock G

Frage 1: 3

Frage 2: a) 3
b) 4
c) 1
d) 2
e) 5

Frage 3: 1

Frage 4: 2

Frage 5: 1, 3

Frage 6: 2, 4

Frage 7: 3

Frage 8: 2

Frage 9: 4

Frage 10: 1

H. Verarbeiten von Fisch

Frage 1: In welcher Gruppe befinden sich nur Süßwasserfische?

Tragen Sie die zutreffende Zahl in das Kästchen ein.

1) Zander, Rotzunge, Sardelle
2) Steinbutt, Makrele, Hering
3) Aal, Scholle, Steinbutt
4) Hecht, Forelle, Zander

Frage 2: Es werden ganze Fische angeliefert. Nennen Sie Frischemerkmale.

Tragen Sie die 2 zutreffenden Zahlen in die Kästchen ein.

1) Starker Fischgeruch.
2) Die Kiemen sind rot.
3) Es müssen bei Druck in das Fleisch Dellen zurückbleiben.
4) Die Schleimhaut ist klar, glänzend und nicht schmierig.

Frage 3: Wie ist Fisch für die Ernährung zu beurteilen?

Tragen Sie die zutreffende Zahl in das Kästchen ein.

1) Fisch hat viel Bindegewebe und ist deshalb schwer verdaulich.
2) Im Fisch sind keine Vitamine enthalten.
3) Fisch enthält hochwertiges Eiweiß und Fett, das reich an essenziellen Fettsäuren ist.
4) Fisch ist als Schonkost und für Diätgerichte nicht geeignet.

Frage 4: Paella ist ein spanisches Nationalgericht. Woher kommt die typische gelbe Farbe?

Tragen Sie die zutreffende Zahl in das Kästchen ein.

1) Safran
2) Curry
3) Paprika
4) Meersalz

Frage 5: Was besagt die „3-S-Regel" bei der Zubereitung von Fisch?

_____

_____

_____

_____

_____

Frage 6: Wie wird folgende Zubereitung genannt? Heringe vor der Fruchtbarkeit, die durch Enzyme in einer Salzlake gereift sind.

Tragen Sie die zutreffende Zahl in das Kästchen ein.

1) Schillerlocke
2) Matjeshering
3) Bückling
4) Graved Lachs

Frage 7: In den nächsten Tagen soll „Forelle blau" auf der Tageskarte angeboten werden. Warum werden Fische für diese Zubereitung nicht geschuppt?

Tragen Sie die zutreffende Zahl in das Kästchen ein.

1) Durch das Schuppen würde sich die Garzeit des Fisches verlängern.
2) Durch das Schuppen besteht für den Koch eine erhöhte Verletzungsgefahr.
3) Durch das Schuppen können die Kiemen des Fisches beschädigt werden.
4) Durch das Schuppen würde die Schleimschicht entfernt werden, die für die blaue Färbung verantwortlich ist.

Frage 8: Ordnen Sie die Beschreibung der Zubereitung entsprechend zu.

1) Garniert mit tournierter, gedünsteter Salatgurke.
2) Mit Blattspinat und Sauce Mornay überbacken.
3) In Mehl wenden und braten, mit Zitrone und Petersilie belegen und Zitronenbutter übergießen.
4) In Bierteig gebacken, mit Tomatensauce.

a) Nach Müllerin Art

b) Doria

c) Florentiner Art

d) Orly

Frage 9: Welches Garverfahren wäre besonders schonend für die feine Struktur von Fischfilets, z. B. Seezungenfilets?

Tragen Sie die zutreffende Zahl in das Kästchen ein.

1) Pochieren
2) Kochen
3) Frittieren
4) Schmoren

Frage 10: Was ist bei der Lagerung von Fisch zu beachten?

Tragen Sie die zutreffende Zahl in das Kästchen ein.

1) Bei Fisch ist aufgrund der lockeren Struktur eine lange Lagerdauer möglich.
2) Fisch kann gut mit anderen Lebensmitteln zusammen gelagert werden.
3) Die Lagertemperatur sollte zwischen 0 °C und 2 °C Grad liegen.
4) Die Lagertemperatur sollte zwischen 3 °C und 6 °C Grad liegen.

Lösungen zu Fragenblock H

Frage 1: 4

Frage 2: 2, 4

Frage 3: 3

Frage 4: 1

Frage 5: Säubern: Fisch unter fließend Wasser säubern.
Säuern: Mit Zitronensaft beträufeln.
Salzen: Erst kurz vor der Zubereitung salzen.

Frage 6: 2

Frage 7: 4

Frage 8: a) 3
b) 1
c) 2
d) 4

Frage 9: 1

Frage 10: 3

I. Verarbeitung von Fleisch und Geflügel

Frage 1: Wie alt darf ein Kalb höchstens sein, bevor es geschlachtet wird?

Tragen Sie die zutreffende Zahl in das Kästchen ein.

1) 8 Monate
2) 12 Monate
3) 2 Jahre
4) 3 Jahre

Frage 2: Wie wird das Fleischteil mit der Nummer 10 des Rindes genannt?

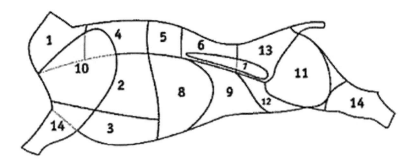

Tragen Sie die zutreffende Zahl in das Kästchen ein.

1) Filet
2) Hesse oder Wade
3) Schulter, Bug oder Schaufel
4) Oberschale, Unterschale und Nuss

Frage 3: Ein Gast möchte sein Steak "well done" gebraten haben. Wie muss das Fleisch gebraten werden?

Tragen Sie die zutreffende Zahl in das Kästchen ein.

1) Nicht gebraten
2) Blutig gebraten
3) Rosa gebraten
4) Durchgebraten

Frage 4: Wie wird das Entfernen von Sehnen und Fett beim Vorbereiten von Schlachtfleisch genannt?

Tragen Sie die zutreffende Zahl in das Kästchen ein.

1) Tournieren
2) Parieren
3) Plattieren
4) Sautieren

Frage 5: Ordnen Sie die Gerichte dem entsprechenden Garverfahren zu.

1) Filetsteak
2) Züricher Geschnetzeltes
3) Rindergulasch
4) Tafelspitz

a) Sautieren

b) Braten

c) Schmoren

d) Kochen

Frage 6: Was sind die Hauptmerkmale von Szegediner Gulasch?

_____

_____

_____

_____

Frage 7: Welches Fleisch wird für Wiener Schnitzel verwendet?

Tragen Sie die zutreffende Zahl in das Kästchen ein.

1) Kalbfleisch
2) Schweinefleisch
3) Putenfleisch
4) Rindfleisch

Frage 8: Welche Maßnahmen sind bei der Verarbeitung von Geflügel zu berücksichtigen?

Tragen Sie die 2 zutreffenden Zahlen in die Kästchen ein.

1) Tiefgefrorenes Geflügel ausgepackt im Kühlschrank auftauen.
2) Beim Auftauen sollte das Geflügel in der Auftauflüssigkeit liegen.
3) Schnelles Auftauen schont die Zellen und verlangsamt die Vermehrung von Krankheitserregern.
4) Arbeitsplatz und Hände gründlich reinigen (desinfizieren).

Frage 9: Was zeichnet helles Geflügelfleisch aus?

Tragen Sie die zutreffende Zahl in das Kästchen ein.

1) Helles Geflügelfleisch hat einen hohen Fettgehalt.
2) Helles Geflügelfleisch gehört zu den teuren Lebensmitteln.
3) Helles Geflügelfleisch hat eine zarte Faser und einen milden Geschmack.
4) Helles Geflügelfleisch ist arm an Eiweiß und somit nicht für Diätformen geeignet.

Frage 10: Wie wird das Dünsten mit leichter Farbgebung genannt, dass bei Geflügel angewendet werden kann?

Tragen Sie die zutreffende Zahl in das Kästchen ein.

1) Dressieren
2) Poelieren
3) Bardieren
4) Lardieren

Lösungen zu Fragenblock I

Frage 1: 1

Frage 2: 3

Frage 3: 4

Frage 4: 2

Frage 5: a) 2
b) 1
c) 3
d) 4

Frage 6: Der Ansatz (Gulasch vom Schwein) wird zusammen mit Sauerkraut gegart, sowie mit Kümmel gewürzt. Das Gericht wird mit Sauerrahm vollendet.

Frage 7: 1

Frage 8: 1, 4

Frage 9: 3

Frage 10: 2

J. Verarbeiten von pflanzlichen Nahrungsmitteln

Frage 1: Welches Garverfahren ist für das Garen von zartem Gemüse besonders geeignet?

Tragen Sie die zutreffende Zahl in das Kästchen ein.

1) Braten
2) Schmoren
3) Frittieren
4) Dünsten

Frage 2: Bei welchem Gemüse handelt es sich um eine Wurzelgemüseart?

Tragen Sie die zutreffende Zahl in das Kästchen ein.

1) Tomate
2) Kohlrabi
3) Brokkoli
4) Spinat

Frage 3: Welches Gemüse wird saisonal von April bis Ende Juni (St. Johanni) frisch angeboten?

Tragen Sie die zutreffende Zahl in das Kästchen ein.

1) Spargel
2) Rosenkohl
3) Artischocke
4) Möhre

Frage 4: Welche Aussage zu Gemüse in der menschlichen Ernährung ist richtig?

Tragen Sie die zutreffende Zahl in das Kästchen ein.

1) Gemüse enthält viele Vitamine und hat einen hohen Fettgehalt.
2) Gemüse fördert durch seinen hohen Anteil von Kohlenhydraten die Fettverbrennung.
3) Gemüse ist reich an Vitaminen und Mineralstoffen.
4) Gemüse ist durch den höheren Fettgehalt schwer verdaulich.

Frage 5: In welcher Zeile befinden sich typische Wintergemüse?

Tragen Sie die zutreffende Zahl in das Kästchen ein. ☐

1) Tomaten, Paprika, Zucchini
2) Rosenkohl, Steckrüben, Rote Beete
3) Weißkohl, Erbsen, Karotten
4) Broccoli, Fenchel, Schwarzwurzel

Frage 6: Für welche Zubereitungen werden mehlig kochende Kartoffeln verwendet?

Tragen Sie die zutreffende Zahl in das Kästchen ein. ☐

1) Salzkartoffeln, Bratkartoffeln
2) Kartoffelsalat, gratinierte Kartoffeln
3) Kartoffelpüree, Knödel
4) Kartoffelgratin, Kartoffelpuffer

Frage 7: Bringen Sie die Arbeitsschritte bei der Herstellung von Kartoffelpüree in die richtige Reihenfolge. Beginnen Sie mit dem ersten Schritt (1).

a) Zerdrücken oder Pürieren der Kartoffeln. Butterflocken und Muskat hinzufügen. ☐

b) Kochen der geschälten und gleichmäßig geschnittenen Kartoffeln. ☐

c) Abgießen des Kochwassers. Kartoffeln kurz abdampfen. ☐

d) Püree umfüllen und abdecken bis zur Ausgabe. ☐

e) Zugabe der erhitzten Milch. ☐

Frage 8: Welche Kartoffelzubereitung wird hier beschrieben?
Eine schweizerische Spezialität aus geriebenen Kartoffeln, die in der Pfanne gebraten werden, bis sie knusprig und goldbraun sind.

Tragen Sie die zutreffende Zahl in das Kästchen ein. ☐

1) Kartoffelpuffer
2) Kartoffelgratin
3) Gnocci
4) Rösti

Frage 9: Nenne 3 Kartoffelzubereitungen, die aus passierten Kartoffeln mit Eigelb hergestellt werden.

_____

_____

_____

_____

Frage 10: Welche Reisart wird für Beilagenreis verwendet?

Tragen Sie die zutreffende Zahl in das Kästchen ein. ☐

1) Langkornreis
2) Mittelkornreis
3) Rundkornreis
4) Klebereis

Lösungen zu Fragenblock J

Frage 1: 4

Frage 2: 2

Frage 3: 1

Frage 4: 3

Frage 5: 2

Frage 6: 3

Frage 7: a) 3
b) 1
c) 2
d) 5
e) 4

Frage 8: 4

Frage 9: Kartoffelkroketten, Herzoginkartoffeln, Mandelbällchen, Bernykartoffeln

Frage 10: 1

K. Herstellen und Anrichten von einfachen Frucht- und Süßspeisen

Frage 1: Ordnen Sie die Merkmale folgender Eisspezialitäten entsprechend zu.

1) Pochierte Birne auf Vanilleeis mit Schokoladensoße.
2) Vanille-, Himbeer- und Schokoladeneis mit kandierten Früchten.
3) Drei Schichten aus Vanille-, Erdbeer- und Schokoladeneis.
4) Vanilleeis mit Apfelmus, Eierlikör und Schlagsahne.
5) Vanilleeis mit bitterer Schokoladensoße gefüllt und von Schokoladeneis umhüllt.

a) Fürst Pückler Eis

b) Schwedeneisbecher

c) Birne Helene

d) Cassata

e) Tartufo

Frage 2: Wie sollte der Eisportionierer während des Service aufbewahrt werden?

Tragen Sie die 2 zutreffenden Zahlen in die Kästchen ein.

1) Am Besten in Behältern mit durchlaufendem kalten Wasser.
2) In Behältern ohne Wasser (trocken).
3) In Behältern mit warmen Wasser.
4) In Behältern mit kaltem Wasser und etwas Zitronen- oder Weinsäure.

Frage 3: Ein Behälter mit Vanilleeis ist aufgetaut, da er nach dem Service nicht in die Kühlung gestellt wurde. Wie verhalten Sie sich?

Tragen Sie die zutreffende Zahl in das Kästchen ein.

1) Den Eisbehälter sofort wieder einfrieren.
2) Das aufgetaute Eis nicht mehr verwenden.
3) Das aufgetaute Eis als Vanillesauce anbieten.
4) Das aufgetaute Eis mit anderen Eissorten mischen.

Frage 4: Bei welcher Zubereitung wird ein Pfannkuchen mit Gabeln zerteilt und Puderzucker bestreut?

Tragen Sie die zutreffende Zahl in das Kästchen ein.

1) Omelette
2) Kaiserschmarrn
3) Strudel
4) Krapfen

Frage 5: Welche Inhaltsstoffe zeichnen Obst aus?

Tragen Sie die zutreffende Zahl in das Kästchen ein.

1) Kohlenhydrate
2) Fett
3) Eiweiß
4) Vitamine

Frage 6: In welcher Zeile wird nur Kernobst genannt?

Tragen Sie die zutreffende Zahl in das Kästchen ein.

1) Kirsche, Birne, Erdnuss
2) Weintraube, Erdbeere, Johannisbeere
3) Apfel, Birne, Quitte
4) Aprikose, Pflaume, Banane

Frage 7: Sie sollen einen Obstsalat herstellen aus Orangen, Äpfeln, Bananen und Kiwi. Mit welcher Frucht würden Sie bei der Herstellung beginnen?

Tragen Sie die zutreffende Zahl in das Kästchen ein.

1) Mit der Orange, da durch die Fruchtsäure die Verfärbung anderer Früchte verhindert wird.
2) Mit der Banane, da Sie sich schnell verarbeiten lässt.
3) Mit der Kiwi, damit sich ihr Aroma besser entfalten kann.
4) Mit dem Apfel. Er ist am wenigsten empfindlich.

Situation zu den Fragen 8 - 9
Sie sollen für ein Dessertbuffet eine Bayerische Creme herstellen.

Frage 8: Aus welchen Zutaten wird eine Bayerische Creme hergestellt?

Tragen Sie die zutreffende Zahl in das Kästchen ein.

1) Milch, Eigelb, Zucker, Vanilleschote, Gelatine, Sahne
2) Milch, Zucker, Eigelb, Vanilleschote, Stärke
3) Milch, Wasser, Mehl, Vollei, Zucker
4) Milch, Butter, Weizenmehl, Eigelb, Eiklar, Zucker, Vanilleschote

Frage 9: Wann wird bei der Bayerischen Creme die geschlagene Sahne untergehoben?

_____

_____

_____

_____

Frage 10: Sie sollen Käse für ein Käsebrett zusammenstellen. Nennen Sie 3 Weichkäse.

_____

_____

_____

Lösungen zu Fragenblock K

Frage 1: a) 3
b) 4
c) 1
d) 2
e) 5

Frage 2: 1, 4

Frage 3: 2

Frage 4: 2

Frage 5: 4

Frage 6: 3

Frage 7: 1

Frage 8: 1

Frage 9: Die Bayerische Creme wird im Wasserbad unter leichtem Rühren heruntergekühlt. Bevor die Masse (durch die Gelatine) anzieht, wird die geschlagene Sahne zügig untergehoben.

Frage 10: Brie, Camembert, Limburger, Weinkäse, Romadur, Chavroux (aus Ziegenmilch)

L. Halbfertig- und Fertigprodukte / Umgang mit Gästen

Situation zu den Fragen 1 - 3
Das Restaurant Rheinblick plant, vorgefertigte Teigwaren in die Speisekarte aufzunehmen, um die Effizienz in der Küche zu steigern.

Frage 1: Welche Nährstoffe sind in vorgefertigten Teigwaren enthalten?

Tragen Sie die zutreffende Zahl in das Kästchen ein.

1) Vorwiegend Vitamine
2) Vorwiegend Kohlenhydrate
3) Vorwiegend Mineralstoffe
4) Vorwiegend Fett

Frage 2: Um welche Teigwaren handelt es sich?

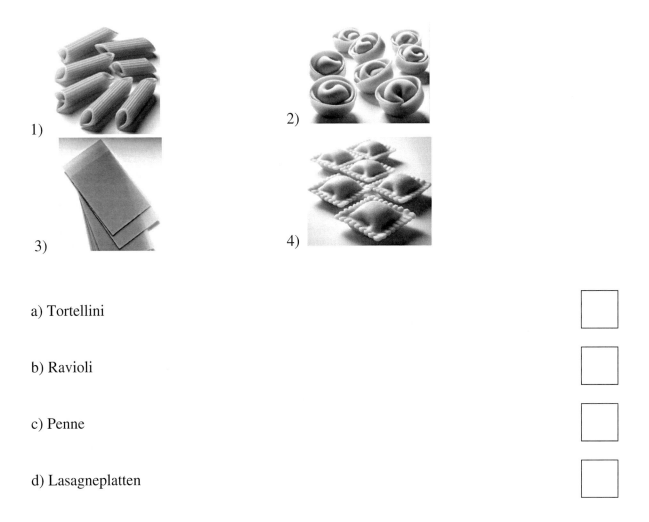

a) Tortellini

b) Ravioli

c) Penne

d) Lasagneplatten

Frage 3: Was bedeutet der Begriff „al dente" bei der Zubereitung?

Tragen Sie die zutreffende Zahl in das Kästchen ein.

1) Die Speisen sollen mäßig gewürzt werden.
2) Die Speisen sollen gut gewürzt werden.
3) Die Speisen sollen im Kern weich sein.
4) Die Speisen sollen im Kern bissfest sein.

Frage 4: Für die Kartoffelknödel wird ein Convenience-Produkt der Stufe II verwendet. Was bedeutet das?

Tragen Sie die zutreffende Zahl in das Kästchen ein.

1) Es handelt sich um ein küchenfertiges Produkt.
2) Es handelt sich um ein garfertiges Produkt.
3) Es handelt sich um ein regenerierfertiges Produkt.
4) Es handelt sich um ein servierfertiges Produkt.

Frage 5: Ein Gast verträgt kein Gluten. In welchem Lebensmittel wäre Gluten enthalten?

Tragen Sie die zutreffende Zahl in das Kästchen ein.

1) Frischkäse
2) Milch
3) Weizenmischbrot
4) Reis

Frage 6: Welches Gericht können Sie einem Gast empfehlen, der vegan essen möchte?

Tragen Sie die zutreffende Zahl in das Kästchen ein.

1) Bauernfrühstück mit kleinem Salat
2) Erbseneintopf mit Speck
3) Fischgericht des Tages mit Salzkartoffeln
4) Pilzragout mit Basmatireis

Frage 7: Ein Gast bestellt aufgrund einer Magenreizung „leichte Kost". Er fragt, ob er lieber das Hühnerfrikassee oder den Rinderbraten bestellen soll. Wie lautet Ihre Empfehlung?

Tragen Sie die zutreffende Zahl in das Kästchen ein.

1) Es ist das Hühnerfrikassee zu empfehlen. Es ist leichter verdaulich. Das Fleisch von Hausgeflügel ist arm an Bindegewebe und enthält wenig Fett.
2) Sie empfehlen den Rinderbraten, da der Magen trainiert werden sollte.
3) Sie empfehlen dem Gast, lieber auf der Dessertkarte nach einem geeigneten Gericht zu suchen.
4) Sie empfehlen dem Gast, auf das Essen zu verzichten und bieten zur besseren Verdauung einen Rotwein an.

Frage 8: Das Hotel Ulme möchte herausfinden, ob die Kunden mit dem Restaurantservice zufrieden sind. Warum ist eine hohe Kundenzufriedenheit wichtig für ein Unternehmen?

Tragen Sie die 2 zutreffenden Zahlen in die Kästchen ein.

1) Der Kunde empfiehlt das Hotel gerne weiter.
2) Der Kunde kommt gerne wieder.
3) Der Verkauf weiterer Dienstleistungen des Unternehmens wird vermieden.
4) Der Kunde ist bereit, für das Produkt / die Dienstleistung einen überhöhten Preis zu bezahlen.

Frage 9: Welche Regeln sollten Sie bei der Eröffnung eines Gespräches beachten?

Tragen Sie die 2 zutreffenden Zahlen in die Kästchen ein.

1) Vermeiden Sie Blickkontakt.
2) Schaffen Sie eine positive Gesprächsatmosphäre.
3) Begrüßen Sie Ihren Gesprächspartner freundlich mit Namen.
4) Sprechen Sie möglichst ohne Betonung, um Ihren Gesprächspartner nicht zu verwirren.

Frage 10: Wie verhalten Sie sich bei einer Reklamation?

Tragen Sie die zutreffende Zahl in das Kästchen ein.

1) Hören Sie aufmerksam zu.
2) Unterbrechen Sie so oft wie möglich.
3) Entschuldigen Sie sich nicht für die Unannehmlichkeiten.
4) Informieren Sie auf keinen Fall einen Vorgesetzten.

Lösungen zu Fragenblock L

Frage 1: 2

Frage 2: a) 2
b) 4
c) 1
d) 3

Frage 3: 4

Frage 4: 2

Frage 5: 3

Frage 6: 4

Frage 7: 1

Frage 8: 1, 2

Frage 9: 2, 3

Frage 10: 1

II. Fachrechnen

A. Maßeinheiten

Frage 1: Rechnen Sie die Einheiten entsprechend um und tragen das Ergebnis in die Kästchen ein.

Beispiel

750 g → 0,750 kg

a) 1250 g → ___ kg

b) 0,35 kg → ___ g

c) 12 g → ___ kg

d) ¼ kg → ___ g

e) 150 ml → ___ l

f) 2 cl → ___ ml

g) ½ l → ___ cl

h) 75 cl → ___ l

Frage 2: Rechnen Sie 0,25 Liter in cl und ml um.

Frage 3: Rechnen Sie die Einheiten entsprechend um und tragen das Ergebnis in die Kästchen ein.

a) 2,5 h   [   ] min

b) 240 min   [   ] h

c) 185 cm   [   ] m

d) 132 mm   [   ] cm

e) ¼ m   [   ] mm

Situation zu den Fragen 4 - 5

Das Seehotel Huber will ihren Außenbereich erweitern. Dem Hotel wird dazu ein Nachbargrundstück angeboten. Das Grundstück ist 36 m breit und 42 m lang. Der Preis pro m² beträgt 48,50 €.

Frage 4: Wie groß ist das angebotene Grundstück?

Frage 5: Wie hoch ist der Kaufpreis?

Situation zu den Fragen 6 - 7

Das Hotel Sonnenblick braucht frischen Butterkuchen vom Blech für eine Veranstaltung am nächsten Sonntag. Die Butterkuchen werden auf Blechen der Größe 60 x 40 cm ausgeliefert. Die Stücke haben eine Größe von 10 x 8 cm.

Frage 6: Wie viele Kuchenstücke lassen sich aus einem Blech schneiden?

Frage 7: Wie viele Bleche müssen geliefert werden, wenn 150 Stück gebraucht werden?

Frage 8: Ein Fachpraktiker Küche beginnt um 9.50 Uhr mit dem Schälen von Kartoffeln. Er braucht dafür 1 ½ Stunden. Um welche Uhrzeit ist die Arbeit beendet?

Frage 9: Laura Paale arbeitet in der kalten Küche von 7.30 Uhr bis 12.00 Uhr. Dann macht sie eine Stunde Mittagspause und arbeitet wieder von 13.00 Uhr bis 16.30 Uhr. Wie viele Stunden hat Laura Paale gearbeitet?

Frage 10: Im Lager befinden sich folgender Bestand an Mehl:

1 Sack mit 25 kg
2 Sack mit je 12,5 kg
12 Packungen 1 kg

Wie viel kg Mehl sind vorhanden?

Lösungen zu Fragenblock A

Frage 1: a) 1,250 kg

b) 350 g

c) 0,012 kg

d) 250 g

e) 0,150 l

f) 20 ml

g) 50 cl

h) 0,75 l

Frage 2: 0,25 l = 25 cl = 250 ml

Frage 3: a) 150 min

b) 4 h

c) 1,85 m

d) 13,2 cm

e) 250 mm

Frage 4: 36 m x 42 m = **1512 m²**

Frage 5: 1512 m² x 48,50 € = **73.332,00 € Kaufpreis**

Frage 6: 60 cm x 40 cm = 2400 cm²   10 cm x 8 cm = 80 cm²

2400 cm² : 80 cm² = **30 Stücke**

Frage 7: 150 Stück : 30 Stück = **5 Bleche**

Frage 8: 9 h 50 min + 1 h 30 min = 11 h 20 min
Die Arbeit ist um **11.20 Uhr** beendet.

Frage 9:   7.30 Uhr bis 12.00 Uhr = 4,5 Stunden
13.00 Uhr bis 16.30 Uhr = 3,5 Stunden
8 Stunden

Frage 10:

1 Sack	x 25 kg	= 25 kg
2 Sack	x 12,5 kg	= 25 kg
12 Packungen	x 1 kg	= 12 kg
Gesamt:		**62 kg**

B. Grundrechenarten

Frage 1: Die Bäckerei Sesam liefert an das Hotel Windspiel:
15 Weizenbrote à 4,45 €, 8 Vollkornbrote à 4,90 €, 250 normale Brötchen à 0,42 €,
50 Vollkornbrötchen à 0,48 €, 50 Mohnbrötchen à 0,45 €, 25 Milchbrötchen à 0,46 €
Wie hoch ist der Rechnungsbetrag?

Situation zu den Fragen 2 - 3
Von Ihrem Obst- und Südfrüchtelieferanten erhalten Sie 2 Kisten mit je 6 Melonen mit einem Gesamtgewicht von 6 kg. Die Tara je Kiste ist 200 g.

Frage 2: Wie viel kg Melone erhalten Sie?

Frage 3: Wie teuer ist eine Melone, wenn Sie für die gesamte Lieferung 39,00 € bezahlt haben?

Situation zu den Fragen 4 - 5
In der kalten Küche wird ein Speck-Zwiebel-Dip nach folgendem Grundrezept
(für 8 Personen) hergestellt:

Material	Menge	Preise
Speck	250 Gramm	6,48 € pro kg
Zwiebeln	2 mittelgroße Zwiebeln à 170 Gramm	3,89 € pro kg
Schmand	300 Gramm	4,90 € pro kg
Frischkäse	400 Gramm	7,45 € pro kg
Sahne	0,1 Liter	4,50 € pro L

Frage 4: Wie hoch sind die Materialkosten für 8 Personen?

Frage 5: Wie hoch sind die Materialkosten für 1 Personen?

Situation zu den Fragen 6 - 7
Eine Flasche Weinbrand mit 1 Liter Inhalt kostet im Einkauf 19,25 €. Es ist mit einem Schankverlust von 6 cl zu rechnen.

Frage 6: Wieviel Gläser à 2 cl können ausgeschenkt werden?

Frage 7: Wie hoch sind die Materialkosten für ein Glas Weinbrand?

Situation zu den Fragen 8 - 9
Sie erhalten vom Fischhändler eine Lieferung. Ein ganzer Heilbutt wiegt 8,200 kg.
Nach den Vorbereitungsarbeiten sind noch 5,100 kg Fischfilets vorhanden.

Frage 8: Wie hoch ist der Putzverlust in kg?

Frage 9: Wie viele <u>ganze Portionen</u> können Sie aus den Heilbuttfilets herstellen, wenn eine Portion roh 180 Gramm wiegen soll?

Frage 10: Folgende Monatsumsätze wurden erzielt:

Monat A: 36.560,00 €   Monat B: 60.758,00 €
Monat C: 82.638,50 €   Monat D: 50.950,50 €

Wie hoch war der Durchschnittsumsatz pro Monat?

Lösungen zu Fragenblock B

Frage 1: An das Hotel Windspiel wurden geliefert:

15 Weizenbrote	x 4,45 €	= 66,75 €
8 Vollkornbrote	x 4,90 €	= 39,20 €
250 normale Brötchen	x 0,42 €	= 105,00 €
50 Vollkornbrötchen	x 0,48 €	= 24,00 €
50 Mohnbrötchen	x 0,45 €	= 22,50 €
25 Milchbrötchen	x 0,46 €	= 11,50 €
Rechnungsbetrag		**268,95 €**

Frage 2: 6 kg - 0,4 kg = **5,6 kg Melonen**

Frage 3: 39,00 € : 12 Melonen = **3,25 € pro Melone**

Frage 4:

Material	Menge	Preise	
Speck	250 Gramm	6,48 € pro kg	0,25 x 6,48 € = 1,62 €
Zwiebeln	2 mittelgroße Zwiebeln à 170 Gramm	3,89 € pro kg	0,34 x 3,89 € = 1,32 €
Schmand	300 Gramm	4,90 € pro kg	0,3 x 4,90 € = 1,47 €
Frischkäse	400 Gramm	7,45 € pro kg	0,4 x 7,45 € = 2,98 €
Sahne	1/10 Liter	4,50 € pro L	0,1 x 4,50 € = 0,45 €
Materialkosten:			**7,84 €**

Frage 5: 7,84 € : 8 = **0,98 €**

Frage 6: 100 cl - 6 cl = 94 cl   94 cl : 2 cl = **47 Gläser Weinbrand**

Frage 7: 19,25 € : 47 Gläser = **0,41 € pro Glas Weinbrand**

Frage 8: 8,200 kg - 5,100 kg = **3,100 kg Putzverlust**

Frage 9: 5,100 kg Filets : 0,180 kg pro Portion = 28,3333 = **28 ganze Portionen**

Frage 10: 36.560,00 € + 60.758,00 € + 82.638,50 € + 50.950,50 € = 230.907,00 €

230.907,00 € : 4 = **57.726,75 €**

C. Dreisatz

Situation zu den Aufgaben 1 - 2
2 Körbe enthalten insgesamt 10,2 kg frischen Spargel.

Frage 1: Wie viel Spargel bleibt übrig, wenn mit ca. 25 % Schälverlust zu rechnen ist?

Frage 2: Wie viele ganze Portionen erhalten Sie, wenn das Rohgewicht pro Portion Spargel 500 g beträgt?

Frage 3: Der Warenverbrauch von Rotwein in der Küche betrug im August 345,00 €. Im September wurde ein Verbrauch von 500,25 € laut Lagerkartei festgestellt. Wie hoch ist die Steigerung in %?

Frage 4: Für die Herstellung von 12 kg Teig werden 35 Eier verbraucht. Wie viele Eier werden für 16 kg Teig benötigt? Runden Sie auf.

Frage 5: Das Rezepturgewicht für einen Teig beträgt 6,000 kg. Der Gär- und Verarbeitungsverlust beträgt 3 %. Errechnen Sie das Teiggewicht.

Situation zu den Fragen 6 - 7
Für ein Frühstücksbuffet werden 3 Liter frisch gepresster Orangensaft benötigt.

Frage 6: Wie viel kg Orangen brauchen Sie, wenn die Saftausbeute 75 % beträgt?

Frage 7: Wie hoch ist der Materialeinsatz für ein Glas Orangensaft von 0,2 Liter Inhalt, wenn 1 kg Orangen 4,00 € kosten?

Frage 8: Eine Fachpraktikerin Küche verdient zurzeit 2450,00 € brutto im Monat. Sie erhält aufgrund ihrer guten Leistungen eine Gehaltserhöhung von 6 %. Wie hoch ist ihr neues Gehalt?

Situation zu den Fragen 9 - 10
Eine Kaffeekanne wurde von 68,00 € auf 54,40 € herabgesetzt.

Frage 9: Wie hoch ist die Preissenkung in €?

Frage 10: Wie hoch ist die Preissenkung in Prozent?

Lösungen zu Fragenblock C

Frage 1: 100 % = 10,2 kg $X = \dfrac{10{,}2 \text{ kg} \times 75\%}{100\%}$ **X = 7,650 kg**
75 % = X   X =

Frage 2: 7,65 kg : 0,5 kg = 15,3   **Sie erhalten 15 ganze Portionen.**

Frage 3: 500,25 € - 345,00 € = 155,25 € Steigerung

345,00 € = 100 % $X = \dfrac{100\% \times 155{,}25 \text{ €}}{345{,}00 \text{ €}}$ **X = 45 %**
155,25 € = X   X =

Frage 4: 12 kg Teig = 35 Eier $X = \dfrac{35 \text{ Eier} \times 16 \text{ kg}}{12 \text{ kg}}$ X = 46,666 Eier = **47 Eier**
16 kg Teig = X   X =

Frage 5: 100 % = 6,000 kg $X = \dfrac{6{,}000 \text{ kg} \times 97\%}{100\%}$ **X = 5,820 kg**
97 % = X   X =

Frage 6: 75 % = 3 kg $X = \dfrac{3 \text{ kg} \times 100\%}{75\%}$ **X = 4 kg**
100 % = X   X =

Frage 7: 4 kg x 4,00 € = 16,00 €

3,0 Liter = 16,00 € $X = \dfrac{16{,}00 \text{ €} \times 0{,}2 \text{ Liter}}{3{,}0 \text{ Liter}}$ **X = 1,07 €**
0,2 Liter = X   X =

Frage 8: 100 % = 2450,00 € $X = \dfrac{2450{,}00 \text{ €} \times 106\%}{100\%}$ **X = 2597,00 €**
106 % = X   X =

Frage 9: 68,00 € - 54,40 € = **13,60 € Preissenkung**

Frage 10: 68,00 € = 100 % $X = \dfrac{100\% \times 13{,}60 \text{ €}}{68{,}00 \text{ €}}$ **X = 20 %**
13,60 € = X   X =

D. Rezepte umrechnen

Frage 1: Für ein Rezept für 4 Personen werden 600 g Dorade benötigt. Wie viel kg Dorade werden für 35 Personen benötigt?

Frage 2: Für die Herstellung einer Mayonnaise für 12 Personen verwenden Sie untenstehendes Rezept (ohne Salz und Pfeffer). Berechnen Sie die Zutaten für 60 Personen. Tragen Sie die Ergebnisse auf der rechten Seite der Tabelle ein.

Rezept für 12 Personen	60 Personen	
3 Eier		Eier
450 ml Rapsöl / Sonnenblumenöl		Liter
3 TL (je TL 5 g) mittelscharfer Senf		Gramm
¾ Saft einer Zitrone		Zitronen
3 TL (je TL 5 g) Zucker		Gramm

Situation zu den Fragen 3 - 4
Für ein Geschäftsessen werden Medaillons vom Rinderfilet mit frischen Pfifferlingen, Kartoffelkroketten und Holländischer Soße gewünscht.

Frage 3: Ein Medaillon wiegt vor dem Braten 200 g. Es wird mit 7 % Bratverlust gerechnet. Wie schwer ist das Medaillon nach dem Braten?

Frage 4: Wie viele kg bratfertiges Rinderfilet werden benötigt, wenn 14 Personen zum Essen gemeldet werden?

Situation zu den Fragen 5 - 6
Für ein Currygeschnetzeltes im Reisrand sollen Sie den Reis kochen. Es wird mit 30 Essen gerechnet und ca. 200 Gramm gekochter Reis pro Portion angesetzt.

Frage 5: Wie viel kg gekochter Reis wird benötigt?

Frage 6: Wie viel rohen Reis kg müssen Sie kochen? Bedenken Sie, dass auf 1 Teil rohen Reis 2 Teile Wasser kommen.

Situation zu den Fragen 7 - 8
Für ein Dessert wird für 25 Personen Weinschaumsauce gewünscht. Für 4 Personen benötigen wir zur Herstellung 0,25 l Weißwein.

Frage 7: Wie viel Weißwein wird benötigt?

Frage 8: Wie viele Flaschen Weißwein müssen angefordert werden, wenn eine Flasche Weißwein einen Inhalt von 0,7 Liter hat. Runden Sie auf.

Frage 9: Für einen Pfannkuchenteig für 8 Personen haben Sie folgendes Rezept:

1200 g Weizenmehl Type 405
16 Eier
16 TL Zucker
1600 ml Milch
2 Prisen Salz

Berechnen Sie die Zutaten für 30 Personen.
Ein Teelöffel Zucker entspricht 5 Gramm. Eine Prise Salz entspricht 0,4 Gramm.

Frage 10: Für einen Obstsalat für 10 Personen werden 500 g Orangenfilets benötigt. Wie viele ganze Orangen werden für 30 Personen gebraucht, wenn der Verlust beim Filetieren 25 % beträgt?

Lösungen zu Fragenblock D

Frage 1: 4 Personen = 600 g Dorade $\quad$ $X = \dfrac{600 \text{ g Dorade} \times 35 \text{ Pers.}}{4 \text{ Pers.}}$ $\quad$ X = 5250 g = **5,250 kg**
$\quad\quad\quad\;\;$ 35 Personen = X

Frage 2:

Rezept für 12 Personen	Rechenweg	60 Personen
3 Eier	3 Eier x 5	15 Eier
450 ml Rapsöl / Sonnenblumenöl	0,450 Liter x 5	2,250 Liter
3 TL (je TL 5 g) mittelscharfer Senf	15 Gramm x 5	75 Gramm
¾ Saft einer Zitrone	0,75 Zitronen x 5 = 3,75	3 ¾ Zitronen
3 TL (je TL 5 g) Zucker	15 Gramm x 5	75 Gramm

Frage 3: 100 % = 200 g $\quad\quad$ $X = \dfrac{200 \text{ g} \times 93\,\%}{100\,\%}$ $\quad\quad$ X = **186 g**
$\quad\quad\quad\;\;$ 93 % = X

Frage 4: 14 x 200 g = **2,8 kg Rinderfilet**

Frage 5: 30 Essen x 200 Gramm Reis = 6000 g = **6 kg**

Frage 6: 3 Teile = 6 kg Reis $\quad\quad\quad\quad\quad\quad$ X = **2 kg**
$\quad\quad\quad\;\;$ 1 Teil = X

Frage 7: 4 Personen = 0,25 l $\quad\quad$ $X = \dfrac{0{,}25 \text{ l} \times 25 \text{ Pers.}}{4 \text{ Pers.}}$ $\quad$ X = **1,563 l Weißwein**
$\quad\quad\quad\;\;$ 25 Personen = X

Frage 8: 1,563 l Weißwein : 0,7 = 2,23 l Weißwein. Es müssen **3 Flaschen** bestellt werden.

Frage 9:

8 Personen = 1200 g Weizenmehl $X = \dfrac{1200 \text{ g} \times 30 \text{ Pers.}}{8 \text{ Pers.}}$ X = **4500 g Weizenmehl**
30 Personen = X

8 Personen = 16 Eier $X = \dfrac{16 \text{ Eier} \times 30 \text{ Pers.}}{8 \text{ Pers.}}$ X = **60 Eier**
30 Personen = X

8 Personen = 80 g Zucker $X = \dfrac{80 \text{ g} \times 30 \text{ Pers.}}{8 \text{ Pers.}}$ X = **300 g Zucker**
30 Personen = X

8 Personen = 1,6 l Milch $X = \dfrac{1,6 \text{ l} \times 30 \text{ Pers.}}{8 \text{ Pers.}}$ X = **6 l Milch**
30 Personen = X

8 Personen = 0,8 g Salz $X = \dfrac{0,8 \text{ g} \times 30 \text{ Pers.}}{8 \text{ Pers.}}$ X = **3 g Salz**
30 Personen = X

Frage 10: 500 g Orangenfilets x 3 = 1500 g Organgenfilets

75 % = 1500 g $X = \dfrac{1500 \text{ g} \times 100 \%}{75 \%}$ X = **2000 g = 2 kg**
100 % = X

E. Gemischte Aufgaben Fachrechnen

Situation zu den Fragen 1 - 2
Für eine Gesellschaft werden 50 mediterrane Vorspeisenteller bestellt. Zur Herstellung eines Vorspeisentellers werden 3 Minuten benötigt.

Frage 1: Wie lange brauchen Sie für die 50 Vorspeisenteller?

Frage 2: Die Vorspeisenteller sollen um 18.00 Uhr fertig sein. Wann müssen Sie spätestens mit der Herstellung beginnen?

Frage 3: Für die Inventur im letzten Jahr haben 6 Mitarbeiter je 5 Stunden benötigt. Dieses Jahr stehen nur 4 Mitarbeiter zur Verfügung. Wie lange wird wohl jeder Mitarbeiter für die Inventur brauchen?

Situation zu den Fragen 4 - 5
Der Fischhändler liefert Ihnen 6 Lachse mit einem Gesamtgewicht von 21 kg. Beim Filetieren rechnen Sie mit 40 % Verlust.

Frage 4: Wie viel kg Lachsfilet erhalten Sie?

Frage 5: Wie viele Portionen erhalten Sie, wenn eine Portion 180 g wiegen soll?

Situation zu den Fragen 6 - 7
In der Patisserie wird eine Pralinenmischung aus folgenden Sorten erstellt:

Sorte	Gewicht	Preis pro kg
Sorte 1	2,5 kg	19,00 €
Sorte 2	1,5 kg	27,00 €
Sorte 3	3,0 kg	14,50 €

Frage 6: Wie hoch ist der Preis für 1 kg dieser Mischung?

Frage 7: Wie viele Tüten à 200 g können abgefüllt werden?

Situation zu den Fragen 8 - 9
Für ein Mittagessen für 20 Personen ist Roastbeef kalt mit Bratkartoffeln bestellt. Sie bekommen 4,500 kg Roastbeef geliefert. Sie rechnen mit einem Parier- und Bratverlust von 20 %.

Frage 8: Wie hoch ist der Parier- und Bratverlust in kg?

Frage 9: Wie viel Gramm Roastbeef bekommt der Gast auf den Teller?

Frage 10: Ein neuer Toaster kosten 54,00 €. Sie erhalten 10 % Rabatt. Wie hoch ist der Preis jetzt?

Lösungen zu Fragenblock E

Frage 1: 50 Vorspeisenteller x 3 Minuten = 150 Minuten = **2 Stunde 30 Minuten**

Frage 2: 15.30 Uhr

Frage 3: 6 Mitarbeiter = 5 Stunden $X = \dfrac{5 \text{ Stunden} \times 6 \text{ Mitarbeiter}}{4 \text{ Mitarbeiter}}$ **X = 7,5 Stunden**
4 Mitarbeiter = X

Frage 4: 100 % = 21 kg $X = \dfrac{21 \text{ kg} \times 60\%}{100\%}$ **X = 12,6 kg**
60 % = X

Frage 5: 12600 Gramm : 180 Gramm = **70 Portionen**

Frage 6:

Sorte	Gewicht in Gramm	Preis pro kg in €	Preis gesamt in €
Sorte 1	2,5 kg	19,00	47,50
Sorte 2	1,5 kg	27,00	40,50
Sorte 3	3,0 kg	14,50	43,50
Gesamt	**7,0 kg**		**131,50**

131,50 € : 7,0 kg = 18,785 = **18,79 € pro kg**

Frage 7: 7,0 kg : 0,2 kg = **35 Tüten**

Frage 8: 100 % = 4,500 kg $X = \dfrac{4,500 \text{ kg} \times 20\%}{100\%}$ **X = 0,9 kg**
20 % = X

Frage 9: 4500 g - 900 g = 3600 g

3600 g : 20 Personen = **180 g pro Person**

Frage 10: 100 % = 54,00 € $X = \dfrac{54,00 € \times 90\%}{100\%}$ **X = 48,60 €**
90 % = X

III. Wirtschafts- und Sozialkunde

A. Ausbildungsbetrieb

Frage 1: In der beruflichen Ausbildung wird vom "Dualen System" gesprochen. Was ist damit gemeint?

Tragen Sie die zutreffende Zahl in das Kästchen ein.

1) Der Ausbildungsvertrag wird von 2 Parteien (Auszubildende/r und Betrieb) unterschrieben.
2) Die IHK führt 2 verschiedene Prüfungen durch, die praktische und die schriftliche Prüfung.
3) Die Berufsausbildung wird durch die Berufsschule und den Ausbildungsbetrieb durchgeführt.
4) Die Zusammenarbeit von Betrieb und Industrie- und Handelskammer oder Handwerkskammer wird als "Duales System" bezeichnet.

Frage 2: Zu welchem Wirtschaftszweig gehört ein Hotel?

Tragen Sie die zutreffende Zahl in das Kästchen ein.

1) Tourismus
2) Industrie
3) Handel
4) Landwirtschaft

Frage 3: Wie lange darf die Probezeit im Berufsausbildungsvertrag nach dem Berufsbildungsgesetz dauern?

Tragen Sie die zutreffende Zahl in das Kästchen ein.

1) Die Probezeit beträgt 3 Monate.
2) Die Probezeit liegt zwischen 1 Monat und 6 Monaten.
3) Die Probezeit beträgt 4 Monate.
4) Die Probezeit muss zwischen 1 Monat und 4 Monaten liegen.

Frage 4: Ist eine Verlängerung der Probezeit möglich?

Tragen Sie die zutreffende Zahl in das Kästchen ein.

1) Eine Verlängerung ist nicht vorgesehen, da der Auszubildende besonderen Schutz genießt.
2) Eine Verlängerung ist möglich, wenn noch nicht absehbar ist, ob der Auszubildende geeignet ist.
3) Eine Verlängerung ist möglich, wenn der Auszubildende $1/3$ der Ausbildungszeit ausfällt, z. B. durch Krankheit. Diese Möglichkeit muss vorher vereinbart worden sein.
4) Eine Verlängerung ist möglich, wenn beide Parteien dies möchten.

Frage 5: Der Inhaber vom Hotel Südblick will mit der 19jährigen Stefanie Müller einen Ausbildungsvertrag abschließen. Welche Aussage ist richtig?

Tragen Sie die zutreffende Zahl in das Kästchen ein.

1) Die Eltern von Stefanie Müller müssen unterschreiben, da diese sie finanziell unterstützen.
2) Der Ausbildungsvertrag kommt zustande durch die Unterschrift von Stefanie Müller und dem Vertreter des Ausbildungsbetriebes.
3) Der Ausbildungsvertrag bedarf einer besonderen Form, da Stefanie Müller volljährig ist.
4) Ein mündlich geschlossener Ausbildungsvertrag wäre unwirksam.

Frage 6: Janine Uhl ist am 26. April 17 Jahre alt geworden. Wie hoch ist ihr Urlaubsanspruch?

Tragen Sie die zutreffende Zahl in das Kästchen ein.

1) 30 Werktage
2) 25 Werktage
3) 27 Werktage
4) 23 Werktage

Frage 7: Welches Hauptziel verfolgen private Unternehmen?

Tragen Sie die zutreffende Zahl in das Kästchen ein.

1) Gewinnminimierung
2) Gewinnerzielung
3) Schaffung von Arbeitsplätzen
4) Deckung der Kosten

Frage 8: Die Dauer der Ausbildung kann für verschiedene Berufe unterschiedlich sein. Nach welcher Rechtsgrundlage richtet sich die Dauer der Ausbildung?

Tragen Sie die zutreffende Zahl in das Kästchen ein.

1) Betriebsverfassungsgesetz
2) Ausbildereignungsverordnung
3) Handelsgesetzbuch
4) Ausbildungsordnung

Frage 9: Für wen gilt das Jugendarbeitsschutzgesetz?

Tragen Sie die zutreffende Zahl in das Kästchen ein.

1) Für alle Beschäftigten unter 18 Jahren
2) Für alle Auszubildenden des Betriebes
3) Für alle Auszubildenden und Arbeitnehmer unter 21 Jahren
4) Nur für Auszubildende unter 16 Jahren

Frage 10: Wer ist für die Durchführung der praktischen Abschlussprüfung zuständig?

Tragen Sie die zutreffende Zahl in das Kästchen ein.

1) Ausbildungsbetrieb
2) Berufsschule
3) Zuständige Gewerkschaft
4) Industrie- und Handelskammer

Lösungen zu Fragenblock A

Frage 1: 3

Frage 2: 1

Frage 3: 4

Frage 4: 3

Frage 5: 2

Frage 6: 3 (Es zählt das Alter am Anfang des Jahres.)

Frage 7: 2

Frage 8: 4

Frage 9: 1

Frage 10: 4

B. Berufsausbildung, Arbeitsrecht

Situation zu den Fragen 1 - 3

> **Auszug aus dem Gesetz zum Schutze der arbeitenden Jugend (Jugendarbeitsschutzgesetz - JArbSchG)**
>
> § 11 Ruhepausen, Aufenthaltsräume
>
> (1) Jugendlichen müssen im Voraus feststehende Ruhepausen von angemessener Dauer gewährt werden. Die Ruhepausen müssen mindestens betragen
>
> 1. 30 Minuten bei einer Arbeitszeit von mehr als viereinhalb bis zu sechs Stunden,
> 2. 60 Minuten bei einer Arbeitszeit von mehr als sechs Stunden.
>
> Als Ruhepause gilt nur eine Arbeitsunterbrechung von mindestens 15 Minuten.
>
> (2) Die Ruhepausen müssen in angemessener zeitlicher Lage gewährt werden, frühestens eine Stunde nach Beginn und spätestens eine Stunde vor Ende der Arbeitszeit. Länger als viereinhalb Stunden hintereinander dürfen Jugendliche nicht ohne Ruhepause beschäftigt werden.

Max Fiedler ist 17 Jahre und macht eine Ausbildung zum Fachpraktiker Küche.

Frage 1: Wie hoch ist sein Pausenanspruch während eines 8 Stunden Tages? Tragen Sie das Ergebnis in das Kästchen ein.

Frage 2: Wie lange darf er ohne Pause arbeiten? Tragen Sie das Ergebnis in das Kästchen ein.

Frage 3: Der Ausbilder legt seine Pause an das Ende der Arbeitszeit, so dass Max früher gehen kann. Nehmen Sie dazu Stellung.

Tragen Sie die zutreffende Zahl in das Kästchen ein.

1) Es ist erlaubt, da ein Grund vorliegt.
2) Es ist erlaubt, wenn das Einverständnis der Eltern vorliegt, da Max noch nicht volljährig ist.
3) Es ist erlaubt, da das Jugendarbeitsschutzgesetz in der Gastronomie nur eingeschränkt gilt.
4) Nein, es ist nach dem Jugendarbeitsschutzgesetz nicht erlaubt.

Frage 4: Wer kann sich in die Jugend- und Auszubildendenvertretung wählen lassen?

Tragen Sie die zutreffende Zahl in das Kästchen ein.

1) Nur Mitarbeiter des Betriebes unter 18 Jahren.
2) Die Arbeitnehmer des Betriebes unter 25 Jahren und zur Berufsausbildung Beschäftigte.
3) Nur Mitarbeiter des Betriebes unter 21 Jahren.
4) Alle Auszubildenden, wenn sie vom Betriebsrat zugelassen wurden.

Frage 5: Welche Aussage zur Zwischenprüfung ist richtig?

Tragen Sie die zutreffende Zahl in das Kästchen ein.

1) Eine schlechte Zwischenprüfung kann zu einer Beendigung des Ausbildungsvertrages führen.
2) Die Noten der Zwischenprüfung haben einen großen Einfluss auf das Berufsschulzeugnis.
3) Die Teilnahme an der Zwischenprüfung ist Voraussetzung für die Teilnahme an der Abschlussprüfung.
4) Wer die Zwischenprüfung nicht besteht, darf an der Abschlussprüfung nicht teilnehmen.

Frage 6: Die Auszubildende Jette Kiewel besteht ihre Abschlussprüfung mit dem letzten Prüfungsteil am 25.06. . Die Ergebnisse werden ihr noch am gleichen Tag mitgeteilt. Ihr Ausbildungsvertrag läuft noch bis zum 31.07. . Wann endet das Ausbildungsverhältnis?

Tragen Sie die zutreffende Zahl in das Kästchen ein.

1) Am 25.06.
2) Am 31.07.
3) Am Tage der Freisprechung
4) Am Ende des Monats, in dem die letzte Prüfung stattfand. In diesem Fall am 30.06. .

Frage 7: Leon Portel fällt durch die Prüfung. Kann diese wiederholt werden? Wenn ja, wie oft?

Tragen Sie die zutreffende Zahl in das Kästchen ein.

1) Nein, eine Wiederholung ist nicht möglich.
2) Ja, die Prüfung kann 1-mal wiederholt werden.
3) Ja, die Prüfung kann 2-mal wiederholt werden.
4) Ja, die Prüfung kann 3-mal wiederholt werden.

Frage 8: Die Geschäftsführung teilt Ihnen mit, dass aus wirtschaftlichen Gründen leider keine Auszubildenden in feste Arbeitsverhältnisse übernommen werden können.
Welche Aussage dazu ist richtig?

Tragen Sie die zutreffende Zahl in das Kästchen ein.

1) Der Ausbildungsvertrag endet mit Fristablauf oder bestandener Prüfung. Eine Kündigung ist nicht notwendig.
2) Der Arbeitgeber muss den Auszubildenden mit entsprechenden Fristen kündigen.
3) Der Arbeitgeber muss die Auszubildenden weiter beschäftigen, bis diese einen neuen Arbeitsplatz gefunden haben.
4) Der Arbeitgeber ist verpflichtet, Auszubildende mindestens 6 Monate zu übernehmen.

Frage 9: Muss der Ausbildungsbetrieb dem Auszubildenden ein Zeugnis ausstellen?

Tragen Sie die zutreffende Zahl in das Kästchen ein.

1) Nein, diesen weiteren Aufwand kann man nicht verlangen.
2) Nein, das Zeugnis wird durch die Berufsschule ausgestellt.
3) Nein, aber auf freiwilliger Basis kann der Betrieb ein Ausbildungszeugnis ausstellen.
4) Ja, der Betrieb ist verpflichtet, ein Zeugnis auszustellen.

Frage 10: Bei Streitigkeiten zwischen Auszubildenden und dem Ausbildungsbetrieb wird ein Schiedsverfahren durchgeführt. Wer führt dieses durch?

Tragen Sie die zutreffende Zahl in das Kästchen ein.

1) Arbeitsgericht
2) Sozialgericht
3) Industrie- und Handelskammer
4) Berufsschule

Lösungen zu Fragenblock B

Frage 1: 60 Minuten

Frage 2: 4 ½ Stunden

Frage 3: 4

Frage 4: 2

Frage 5: 3

Frage 6: 1

Frage 7: 3

Frage 8: 1

Frage 9: 4

Frage 10: 3

C. Tarifrecht

Frage 1: In welchem Abstand wird der Betriebsrat gewählt?

Tragen Sie die zutreffende Zahl in das Kästchen ein.

1) Alle 4 Jahre
2) Alle 3 Jahre
3) Alle 2 Jahre
4) Nach Absprache

Frage 2: Wer nimmt an der Betriebsversammlung teil?

Tragen Sie die zutreffende Zahl in das Kästchen ein.

1) Nur die Gewerkschaftsmitglieder des Betriebes
2) Nur die Gewerkschaftsmitglieder und die gewählten Betriebsräte
3) Alle Mitarbeiter/ innen des Betriebes
4) Die Geschäftsleitung und der Betriebsrat

Frage 3: Einem Arbeitnehmer wird gekündigt ohne den Betriebsrat zu hören. Welche Aussage ist richtig?

Tragen Sie die zutreffende Zahl in das Kästchen ein.

1) Die Kündigung ist wirksam. Die Geschäftsführung braucht den Betriebsrat nicht hinzuzuziehen.
2) Die Kündigung ist nicht wirksam. Kündigungen nimmt nur der Betriebsrat vor.
3) Die Kündigung ist nicht wirksam, da laut Betriebsverfassungsgesetz der Betriebsrat zu hören ist.
4) Die Kündigung ist wirksam, wenn der Betriebsrat zuvor informiert wurde.

Frage 4: Wer vertritt bei Tarifverhandlungen die Interessen der Arbeitnehmer?

Tragen Sie die zutreffende Zahl in das Kästchen ein.

1) Der Betriebsrat der Unternehmen
2) Die zuständige Gewerkschaft
3) Die Sozialversicherungsverbände
4) Die Berufsgenossenschaft

Frage 5: Die Pausenzeiten sollen geändert werden. Welches Recht hat der Betriebsrat?

Tragen Sie die zutreffende Zahl in das Kästchen ein.

1) Der Betriebsrat hat ein Mitbestimmungsrecht.
2) Der Betriebsrat hat kein Mitbestimmungsrecht.
3) Der Betriebsrat braucht nur informiert zu werden (Informationsrecht).
4) Der Betriebsrat bestimmt allein über die Pausenregelung nach dem Alleinvertretungsrecht.

Frage 6: Wer wählt die Jugend- und Auszubildendenvertretung?

Tragen Sie die zutreffende Zahl in das Kästchen ein.

1) Nur Auszubildende und Arbeitnehmer unter 18 Jahren
2) Nur Auszubildende und Arbeitnehmer unter 21 Jahren
3) Alle Mitarbeiter des Betriebes unter 25 Jahren
4) Alle Auszubildenden (unabhängig vom Alter) und die Arbeitnehmer unter 18 Jahren

Frage 7: Welche Aussage zur Gültigkeit eines Tarifvertrages trifft zu?

Tragen Sie die zutreffende Zahl in das Kästchen ein.

1) Der Arbeitnehmer muss Mitglied einer politischen Partei sein.
2) Der Tarifvertrag gilt für die Mitglieder der entsprechenden Gewerkschaft und die Mitglieder des entsprechenden Arbeitgeberverbandes.
3) Tarifverträge können mündlich abgeschlossen werden.
4) Tarifverträge werden zwischen einem einzelnen Arbeitgeber und dem Betriebsrat abgeschlossen.

Frage 8: Zwischen welchen Verbänden finden Tarifverhandlungen statt?

Tragen Sie die zutreffende Zahl in das Kästchen ein.

1) Zwischen dem Arbeitsamt und der Gewerkschaft Nahrung-Genuss-Gaststätten.
2) Zwischen dem Arbeitgeberverband DEHOGA und der Berufsgenossenschaft.
3) Zwischen dem Arbeitgeberverband DEHOGA und der Gewerkschaft Nahrung-Genuss-Gaststätten.
4) Zwischen der Industrie- und Handelskammer (IHK) und der Gewerkschaft Nahrung-Genuss-Gaststätten.

Frage 9: Was bedeutet der Begriff "Tarifautonomie"?

Tragen Sie die zutreffende Zahl in das Kästchen ein.

1) Streit zwischen Arbeitgeber und Gewerkschaften.
2) Der Tarifvertrag wird ohne Mitwirken des Staates abgeschlossen.
3) Der Tarifvertrag wird mit Mitwirken des Staates abgeschlossen.
4) Der Tarifvertrag ist allgemein gültig.

Frage 10: Ein Tarifvertrag wird vom Bundesministerium für Arbeit und Soziales für allgemein verbindlich erklärt. Welche Auswirkungen hat das?

Tragen Sie die zutreffende Zahl in das Kästchen ein.

1) Der Tarifvertrag gilt nur für Mitglieder der entsprechenden Gewerkschaft.
2) Der Betrieb kann der Allgemeinverbindlichkeit widersprechen und braucht sich dann nicht daran zu halten.
3) Es brauchen sich nur Arbeitgeber daran zu halten, die im entsprechenden Arbeitgeberverband sind.
4) Er gilt für alle Arbeitnehmer und Arbeitgeber einer Branche, auch wenn Sie nicht in der entsprechenden Interessenvertretung Mitglied sind.

Lösungen zu Fragenblock C

Frage 1: 1

Frage 2: 3

Frage 3: 3

Frage 4: 2

Frage 5: 1

Frage 6: 4

Frage 7: 2

Frage 8: 3

Frage 9: 2

Frage 10: 4

D. Sozialversicherungen

Frage 1: Was kennzeichnet eine Individualversicherung im Gegensatz zu den gesetzlichen Sozialversicherungen?

Tragen Sie die zutreffende Zahl in das Kästchen ein.

1) Maßgeschneiderte Abdeckung für eine einzelne Person.
2) Geringere Kosten für die Versicherten.
3) Einbeziehung einer großen Bevölkerungsgruppe.
4) Es besteht eine Versicherungspflicht.

Frage 2: Für welche gesetzliche Sozialversicherung zahlt allein der Arbeitgeber die Beiträge?

Tragen Sie die zutreffende Zahl in das Kästchen ein.

1) Krankenversicherung
2) Rentenversicherung
3) Unfallversicherung
4) Pflegeversicherung

Frage 3: Bei einer Sozialversicherung wird vom Generationenvertrag gesprochen. Was ist damit gemeint?

Tragen Sie die zutreffende Zahl in das Kästchen ein.

1) Die schnelle Vermittlung in der Arbeitslosenversicherung
2) Die "Erste Hilfe" in der Krankenversicherung
3) Die Beitragszahlung von Arbeitgeber und Arbeitnehmer
4) Das Umlageverfahren in der gesetzlichen Rentenversicherung

Frage 4: Wie heißt der Träger der gesetzlichen Unfallversicherung?

Tragen Sie die zutreffende Zahl in das Kästchen ein. ☐

1) Bundesagentur für Arbeit
2) Berufsgenossenschaften
3) Allgemeine Ortskrankenkassen
4) Ersatzkassen

Frage 5: Ordnen Sie die Leistungen der entsprechenden Sozialversicherung zu.

1) Berufsgenossenschaft
2) Pflegeversicherung
3) Arbeitslosenversicherung
4) Krankenversicherung
5) Keine Leistung einer Sozialversicherung

a) Fahrtkostenbeihilfen ☐

b) Krankengeld ☐

c) BAföG ☐

d) Pflegegeld ☐

e) Leistung nach Wegeunfall auf dem Weg von / zur Arbeit. ☐

f) Konkursausfallgeld ☐

Frage 6: Welche der genannten Versicherung ist <u>keine</u> gesetzliche Sozialversicherung?

Tragen Sie die zutreffende Zahl in das Kästchen ein.

1) Haftpflichtversicherung
2) Gesetzliche Pflegeversicherung
3) Gesetzliche Rentenversicherung
4) Arbeitslosenversicherung

Frage 7: Ein Arbeitnehmer erhält einen Bruttolohn von 2650,00 Euro. Wovon wird der Beitrag für die gesetzliche Krankenversicherung berechnet?

Tragen Sie die zutreffende Zahl in das Kästchen ein.

1) Vom Nettolohn
2) Vom Bruttolohn abzüglich der Werbungskosten
3) Vom Bruttolohn abzüglich der Lohn- und Kirchensteuer
4) Vom Bruttolohn

Frage 8: Welche Aussagen zur Krankenversicherung stimmen?

Tragen Sie die 2 zutreffenden Zahlen in die Kästchen ein.

1) Jeder Arbeitnehmer muss gegen Krankheit versichert sein.
2) Der Arbeitnehmer hat die Wahl, in welche Krankenversicherung er einzahlt.
3) Der Arbeitgeber bestimmt die Krankenkasse.
4) Die Krankenkasse gleicht bei langfristiger Krankheit finanzielle Nachteile aus.

Situation zu den Fragen 9 - 10

Frage 9: Welche Aussage lässt sich aus der oben abgebildeten Bevölkerungsentwicklung bezüglich der Geburtenrate und der Lebenserwartung von 1990 und 2030 ableiten?

Tragen Sie die zutreffende Zahl in das Kästchen ein.

1) Es wurden 1990 wesentlich weniger Kinder geboren als voraussichtlich 2030 geboren werden.
2) Die Lebenserwartung erhöht sich.
3) Die Lebenserwartung sinkt.
4) Das Durchschnittsalter der Bevölkerung sinkt.

Frage 10: Welche Auswirkung hat der demografische Wandel auf zukünftige Renten?

Tragen Sie die zutreffende Zahl in das Kästchen ein.

1) Eine Senkung des Renteneintrittsalters ist wahrscheinlich.
2) Die Rentenbeiträge können wahrscheinlich gesenkt werden.
3) Immer weniger Erwerbstätige müssen immer mehr Renten finanzieren.
4) Eine private Altersvorsorge ist aufgrund der Entwicklung nicht notwendig.

Lösungen zu Fragenblock D

Frage 1: 1

Frage 2: 3

Frage 3: 4

Frage 4: 2

Frage 5: a) 3
b) 4
c) 5
d) 2
e) 1
f) 3

Frage 6: 1

Frage 7: 4

Frage 8: 1, 2

Frage 9: 2

Frage 10: 3

E. Rechtsgeschäfte

Frage 1: Ab wann ist ein Mensch rechtsfähig?

Tragen Sie die zutreffende Zahl in das Kästchen ein.

1) Mit der Geburt
2) Mit der Vollendung des 7. Lebensjahres
3) Mit der Vollendung des 14. Lebensjahres
4) Mit der Vollendung des 18. Lebensjahres

Frage 2: Welche Personengruppe gilt als <u>nicht</u> geschäftsfähig?

Tragen Sie die zutreffende Zahl in das Kästchen ein.

1) Personen unter 7 Jahren
2) Personen, die zwischen 7 und 14 Jahre alt sind.
3) Personen über 18 Jahren
4) Personen ab dem 80. Lebensjahr

Frage 3: Welche Personen sind voll geschäftsfähig?

Tragen Sie die zutreffende Zahl in das Kästchen ein.

1) Alle rechtsfähigen Personen
2) Personen, die das 7. Lebensjahr vollendet haben.
3) Alle volljährigen Personen
4) Personen, die das 14. Lebensjahr vollendet haben.

Frage 4: Welche Aussage zum Kaufvertrag trifft zu?

Tragen Sie die zutreffende Zahl in das Kästchen ein.

1) Der Kaufvertrag ist ein einseitiges Rechtsgeschäft.
2) Ein Kaufvertrag muss immer schriftlich erfolgen.
3) Eine Befristung des Angebotes, das zu einem Kaufvertrag führt, ist ungültig.
4) Der Kaufvertrag ist ein zweiseitiges Rechtsgeschäft.

Frage 5: Welche Aussage zu "Besitz" und "Eigentum" ist richtig?

Tragen Sie die zutreffende Zahl in das Kästchen ein.

1) Besitzer und Eigentümer sind immer identisch.
2) Besitz ist die anerkannte und tatsächliche Herrschaft einer Person über eine Sache.
3) Eigentum ist die anerkannte und tatsächliche Herrschaft einer Person über eine Sache.
4) Besitz ist das umfassendste Recht an einer Sache. Der Besitzer kann die Sache
   u. a. vermieten und verkaufen.

Frage 6: Wodurch kommt ein Kaufvertrag zustande?

Tragen Sie die zutreffende Zahl in das Kästchen ein.

1) Anfrage und Angebot
2) Kundenbestätigung und Mahnung
3) Antrag und Annahme
4) Angebot und Verhandlung

Frage 7: Was ist unter „Allgemeine Geschäftsbedingungen (AGB)" zu verstehen?

Tragen Sie die zutreffende Zahl in das Kästchen ein.

1) Es sind vorformulierte Vertragsbedingungen, die eine Vertragspartei der anderen
   Vertragspartei (dem Vertragspartner) bei Abschluss eines Vertrages stellt.
2) In den AGB werden die Gewährleistungsansprüche ausgeschlossen.
3) Die AGB brauchen von Privatpersonen nicht beachtet zu werden. Sie regeln Rechtsgeschäfte
   unter Kaufleuten.
4) In den AGB werden gesetzliche Rechte von Verbrauchern ausgeschlossen.

Frage 8: Welche Pflichten hat der Verkäufer bei einem Kaufvertrag?

Tragen Sie die 2 zutreffenden Zahlen in die Kästchen ein.

1) Der Verkäufer muss den vereinbarten Preis termingerecht bezahlen.
2) Der Verkäufer muss das Eigentum auf den Käufer übertragen.
3) Der Verkäufer muss mangelfrei und rechtzeitig liefern.
4) Der Verkäufer muss den Kaufvertrag umgehend schriftlich niederschreiben.

Situation zu den Aufgaben 9 - 10
Zum März werden 100 Kaffeekannen benötigt. Folgende Schritte wurden dazu getätigt:

15.01.: Anfrage an den Lieferanten Großmarkt Nord AG über 100 Kaffeekannen per E-Mail. Die Lieferung soll spätestens zum 15.02. erfolgen.
20.01.: Das schriftliche Angebot der Großmarkt Nord AG über 100 Kaffeekannen mit Lieferdatum zum 15.02. trifft als Brief per Post ein.
27.01.: Bestellung von 100 Kaffeekannen per Fax.
16.02.: Die Lieferung ist noch nicht eingetroffen.

Frage 9: Wann ist der Kaufvertrag zustande gekommen?
Tragen Sie das Datum in das Kästchen ein.

Frage 10: Welche Kaufvertragsstörung liegt hier vor?

Tragen Sie die zutreffende Zahl in das Kästchen ein.

1) Bestellverzug
2) Zahlungsverzug
3) Annahmeverzug
4) Lieferverzug

Lösungen zu Fragenblock E

Frage 1: 1

Frage 2: 1

Frage 3: 3

Frage 4: 4

Frage 5: 2

Frage 6: 3

Frage 7: 1

Frage 8: 2, 3

Frage 9: 27.01.

Frage 10: 4

F. Aufbau und Organisation von Unternehmen

Frage 1: Welche Unternehmen werden als Dienstleistungsunternehmen bezeichnet?

Tragen Sie die zutreffende Zahl in das Kästchen ein.

1) Getränkegroßhändler
2) Reinigungsunternehmen
3) Tischler
4) Bäckerei

Frage 2: Welche Merkmale kennzeichnen einen Handwerksbetrieb gegenüber einem Industriebetrieb?

Tragen Sie die 2 zutreffenden Zahlen in die Kästchen ein.

1) Die Umstellung der Produktion ist nur mit viel Aufwand möglich.
2) Meist Serienfertigung
3) Viele Einzelanfertigungen
4) Nähe zum Kunden

Frage 3: Zu welcher Gruppe gehören Gastronomiebetriebe wie McDonalds, Burger King, Nordsee und Starbucks?

Tragen Sie die zutreffende Zahl in das Kästchen ein.

1) Handel
2) Systemgastronomie
3) Individualgastronomie
4) Hotelkooperation

Frage 4: Was bedeutet der Begriff Inflation?

Tragen Sie die zutreffende Zahl in das Kästchen ein. ☐

1) Die Kaufkraft des Geldes sinkt.
2) Die Kaufkraft des Geldes steigt.
3) Die Kaufkraft des Geldes bleibt gleich.
4) Die Arbeitslosigkeit steigt.

Frage 5: Ein Hotel hat seinen Wellnessbereich neu eingerichtet. Welches Fachwort beschreibt diese Aktion?

Tragen Sie die zutreffende Zahl in das Kästchen ein. ☐

1) Umsatz
2) Werbung
3) Investition
4) Hypothek

Frage 6: Ordnen Sie die Beschreibungen der entsprechenden Abteilung im Hotel Sonne zu.

1) Einkauf
2) Produktion
3) Verkauf
4) Verwaltung

a) Erstellen eines neuen Hotelprospektes. ☐

b) Berechnung und Auszahlung der Gehälter. ☐

c) Bestellung von neuen Besteckteilen für das Restaurant. ☐

d) Zubereiten des Mittagsmenüs für den heutigen Tag. ☐

Frage 7: Warum wird Weiterbildung im Beruf für den Arbeitnehmer immer wichtiger?

Tragen Sie die 2 zutreffenden Zahlen in die Kästchen ein.

1) Berufliches Wissen muss erhalten und sollte weiter ausgebaut werden.
2) Durch Arbeitszeitverkürzung steht immer weniger Zeit zur Verfügung.
3) Die Kenntnisse müssen der schneller werdenden technischen Entwicklung angepasst werden.
4) Durch Weiterbildung im Beruf erhöht sich der Urlaubsanspruch.

Frage 8: Welche Aussage zur Marktwirtschaft ist richtig?

Tragen Sie die zutreffende Zahl in das Kästchen ein.

1) Das Angebot wird kurz nach den Wahlen vom Wahlsieger festgelegt.
2) Durch Angebot und Nachfrage wird der Preis festgelegt.
3) Eine hohe Nachfrage führt zum Sinken des Preises.
4) Durch einen 5-Jahres-Plan wird das Angebot festgelegt.

Frage 9: Wie kommt ein Bewirtungsvertrag zustande?

Tragen Sie die zutreffende Zahl in das Kästchen ein.

1) Wenn ein Gast eine persönliche Reservierung vornimmt.
2) Wenn der Gast im Restaurant am Tisch Platz nimmt.
3) Wenn der Gast die Bestellung vornimmt.
4) Wenn die Speisen und / oder Getränke serviert werden.

Frage 10: Ein Restaurantgast bemerkt nach dem Essen, dass seine Lederjacke nicht mehr an der Garderobe hängt. Haftet der Gastwirt?

Tragen Sie die zutreffende Zahl in das Kästchen ein.

1) Nein, der Restaurantgast ist für seine Garderobe grundsätzlich allein verantwortlich.
2) Ja, der Gastwirt haftet, da es sich um einen Restaurantgast handelt.
3) Der Gastwirt und der Gast teilen sich den Schaden durch den Verlust der Lederjacke.
4) Der Gastwirt muss eine Entschädigung zahlen, wenn der Gast den Wert der Lederjacke nachweisen kann (z. B. durch eine Quittung).

Lösungen zu Fragenblock F

Frage 1: 2

Frage 2: 3, 4

Frage 3: 2

Frage 4: 1

Frage 5: 3

Frage 6: a) 3
b) 4
c) 1
d) 2

Frage 7: 1, 3

Frage 8: 2

Frage 9: 3

Frage 10: 1

G. Gemischte Aufgabe Wirtschafts- und Sozialkunde

Situation zu den Fragen 1 - 2
Hanna Haase (16 Jahre) macht eine Ausbildung als Fachpraktikerin Küche.

Frage 1: Ist es erlaubt, dass Hanna nach einem Spätdienst am nächsten Tag einen Frühdienst antreten muss?

Tragen Sie die zutreffende Zahl in das Kästchen ein.

1) Nein, nach einem Spätdienst dürfen Auszubildende keinen Frühdienst machen.
2) Nein, bei einem Wechsel von Spätdienst auf Frühdienst muss ein freier Tag eingebunden werden.
3) Ja, es müssen aber 12 Stunden Freizeit zwischen den Schichten gewährt werden.
4) Ja, es müssen aber 15 Stunden Freizeit zwischen den Schichten gewährt werden.

Frage 2: Hanna Haase hat 1 x die Woche Berufsschule. Wie wird diese Zeit auf die Arbeitszeit angerechnet?

Tragen Sie die zutreffende Zahl in das Kästchen ein.

1) Ein Berufsschultag mit mehr als 5 Stunden wird mit 8 Stunden auf die Arbeitszeit angerechnet.
2) Ein Berufsschultag mit mehr als 4 Stunden wird mit 7 Stunden auf die Arbeitszeit angerechnet.
3) Ein Berufsschultag mit mehr als 6 Stunden wird mit 9 Stunden auf die Arbeitszeit angerechnet.
4) Ein Berufsschultag mit mehr als 4 Stunden wird mit 6 Stunden auf die Arbeitszeit angerechnet.

Frage 3: Im Betrieb gab es einen schweren Unfall. Welche Notrufnummer ist zu wählen?

Tragen Sie die Notrufnummer in das Kästchen ein.

Frage 4: Sie sehen folgende Zeichen. Was haben sie zu bedeuten?

a)　　　　　　　b)　　　　　　　c)　　　　　　　d)

_____

_____

_____

_____

Frage 5: Wo erhält man Informationen über eine mögliche Förderung einer Weiterbildung?

Tragen Sie die 2 zutreffenden Zahlen in die Kästchen ein.

1) Arbeitsberatung der Arbeitsagenturen
2) Gewerbeamt
3) Bürgerbüro
4) Direkt beim Anbieter der Maßnahme

Frage 6: Wie werden die Vermittlungsbemühungen durch eine unabhängige, unparteiische Person vor einem Streik genannt?

Tragen Sie die zutreffende Zahl in das Kästchen ein.

1) Urabstimmung
2) Friedenspflicht
3) Aussperrung
4) Schlichtung

Frage 7: Was ist der Unterschied zwischen einem "normalen Arbeitszeugnis" und einem "qualifizierten Arbeitszeugnis"?

Tragen Sie die zutreffende Zahl in das Kästchen ein.

1) Das qualifizierte Arbeitszeugnis wird zusätzlich vom zuständigen Ausbilder unterschrieben.
2) Das qualifizierte Arbeitszeugnis enthält zusätzlich Angaben über Verhalten und Leistung des Auszubildenden.
3) Das qualifizierte Arbeitszeugnis enthält eine genaue Beschreibung der Ausbildungsinhalte.
4) Das qualifizierte Arbeitszeugnis enthält Angaben über die Krankheitstage.

Frage 8: In welchen Fällen würde ein Gastwirt unbeschränkt haften?

Tragen Sie die 2 zutreffenden Zahlen in die Kästchen ein.

1) Der Schaden wird durch den Wirt selber verursacht.
2) Der Schaden wird durch den Gast verursacht.
3) Der Schaden wird durch das Personal verursacht.
4) Der Schaden betrifft das Kraftfahrzeug des Gastes.

Frage 9: Die Gastro Berlin GmbH kauft einen neuen Kühlschrank. Die Lieferung erfolgt „frei Haus". Welche Bedeutung hat dieser Zusatz?

Tragen Sie die zutreffende Zahl in das Kästchen ein.

1) Der Verkäufer übernimmt den Transport. Die Kosten dafür trägt der Käufer.
2) Der Verkäufer übernimmt den Transport und auch die Kosten dafür.
3) Der Verkäufer hat dafür zu sorgen, dass der Zugang zum Haus frei ist.
4) Der Käufer holt die Waren ab. Die Kosten für den Transport zum Haus trägt der Verkäufer.

Frage 10: Welche Leistung wird von der Arbeitslosenversicherung getragen?

Tragen Sie die zutreffende Zahl in das Kästchen ein.

1) Krankengeld
2) Übergangsgeld nach einem Arbeitsunfall
3) Rente wegen Minderung der Erwerbsfähigkeit
4) Kurzarbeitergeld

Lösungen zu Fragenblock G

Frage 1: 3

Frage 2: 1

Frage 3: 112

Frage 4: a) Keine offene Flamme; Feuer, offene Zündquelle und Rauchen verboten (Verbotszeichen).
b) Warnung vor einer Gefahrenstelle (Warnzeichen).
c) Rettungsweg / Notausgang links (Rettungszeichen).
d) Schutzhandschuhe tragen (Gebotszeichen).

Frage 5: 1, 4

Frage 6: 4

Frage 7: 2

Frage 8: 1, 3

Frage 9: 2

Frage 10: 4

✂ ✂ ✂ ✂ ✂   Lösungsblatt / Vordruck   ✂ ✂ ✂ ✂ ✂
Hier können Sie die Lösungen zu den Aufgaben eintragen:
(Download unter www.top-pruefung.de/vordruck-1.pdf)

Test:	Test:	Test:	Test:	Test:
1.	1.	1.	1.	1.
2.	2.	2.	2.	2.
3.	3.	3.	3.	3.
4.	4.	4.	4.	4.
5.	5.	5.	5.	5.
6.	6.	6.	6.	6.
7.	7.	7.	7.	7.
8.	8.	8.	8.	8.
9.	9.	9.	9.	9.
10.	10.	10.	10.	10.